_____ 님의 소중한 미래를 위해
이 책을 드립니다.

내 삶을 바꾼
인생역전
독서법

내 삶을 바꾼 인생역전 독서법

저는 이 독서법으로 구독자 15만, 연봉 2억이 되었습니다

이상윤 지음

메이트북스

메이트북스 우리는 책이 독자를 위한 것임을 잊지 않는다.
우리는 독자의 꿈을 사랑하고,
그 꿈이 실현될 수 있는 도구를 세상에 내놓는다.

내 삶을 바꾼 인생역전 독서법

초판 1쇄 발행 2024년 12월 20일 **|** **지은이** 이상윤
펴낸곳 (주)원앤원콘텐츠그룹 **|** **펴낸이** 강현규·정영훈
등록번호 제301-2006-001호 **|** **등록일자** 2013년 5월 24일
주소 04607 서울시 중구 다산로 139 랜더스빌딩 5층 **|** **전화** (02)2234-7117
팩스 (02)2234-1086 **|** **홈페이지** matebooks.co.kr **|** **이메일** khg0109@hanmail.net
값 17,500원 **|** **ISBN** 979-11-6002-919-2 03190

"책은 우리 안에 얼어붙은
바다를 깨는 도끼여야 한다."

• 프란츠 카프카(소설가) •

차례

CHAPTER 1

책을 읽었더니
15만 유튜버, 연봉 2억이 되었다

CHAPTER 2

몸값을 올리는 독서에는
숨은 공식이 있다

CHAPTER 3

독서로 바뀐
인생의 다섯 가지 소중한 관점

이럴 때 이런 책!
당신을 위한 독서 가이드

독서를 통해
더 나은 삶으로 나아가다!

"당신이 뭔데 독서에 대해 논해요?" 혹은 "그 정도로 돈 자랑할 연봉은 아닌 것 같은데…"라고 생각하실 수 있습니다. 맞습니다. 저보다 더욱 유명한 독서 전문가들이 많고, 저와는 비교할 수 없을 정도의 자본가들도 많습니다. 다만 이 책은 평범한 한 사람이 조금 더 나은 삶으로 살아가려는 과정을 담은 이야기입니다. 그리고 저와 비슷한 고민을 가진 분들에게 도움이 될 현실적인 이야기입니다.

세상에는 뛰어난 사람들이 많습니다. 똑같은 걸 배워도 재능이 뛰어난 사람, 풍부한 경험을 쌓을 수 있는 여건을 가진 사람, 부모님의 도움으로 많은 기회를 누릴 수 있는 사람들이 있죠. 그런 사람들을 볼 때면 우리는 좌절하게 됩니다. 넘을 수 없는 큰 벽에 가로막힌 듯한 느낌을 받습니다. 그로 인해 삶에 대한 흥미와 의지를 잃기도 합니다.

우리는 이렇게 포기해야 할까요? 우리는 정말 아무것도 못하는 존재일까요? 그렇지 않습니다. 평범한 사람이 천재처럼 특별한 존재는 되지 못하더라도, 평범한 사람도 지금보다 더 나은 삶을 충분히 살 수 있습니다. '어제의 나'보다 나아지는 것은 분명 가능합니다. 그 과정을 통해 우리 같은 평범한 사람도 만족스러운 삶을 살아갈 수 있습니다.

이미 경험해본 적이 있으실 겁니다. 학창시절에 항상 전교 상위권을 차지하던 뛰어난 친구들이 있습니다. 그런 친구들은 이후에도 대부분 사회적으로 성공한 삶을 살아갑니다. 하지만 그런 친구들 외에 분명히 이런 친구들도 있습니다. 평균 수준으로 공부를 했거나, 아예 공부를 잘하지 않았던 친구들 중에서도 자신의 방향을 잘 찾아서 인생을 성공적으로 살아가는 사람들이 있습니다. 이런 사람들은 압도적인 재능이나 유리한 여건을 갖추진 않았지만, 자신이 가진 것 안에서 최대한으로 발전하려는 노력을 끊임없이 합니다.

저는 바로 이런 가능성에 주목하고 싶습니다. 내가 가진 가능성에 집중해서 조금씩 성장하며 나아가는 사람들, 자신만의 길을 찾아가는 사람들! 그런 사람들은 타인이 아닌 '과거의 나'를 기준으로 발전을 평가하게 됩니다. 비교 대상이 더 이상 다른 사람이 아니라, 어제의 내가 되는 것이죠. 결국 그들은 자신이 가능한 최선을 다한 만큼 만족을 느끼며 삶을 살아갑니다.

우리 모두가 위대한 투자자인 워런 버핏처럼 될 필요는 없습니다. 그의 재산과 명성을 갖지 않아도 우리도 충분히 맛있는 햄버거를 먹을 수 있습니다. 우리 모두가 위대한 기업가인 스티브 잡스처럼 될 수 없습니다. 그처럼 혁신적인 사고방식을 가지는 못하더라도, 나만의 창의적인 아이디어로 아이템을 만들 수 있습니다.

1등이 아니어도 됩니다. 자신의 최대치를 달성하는 과정을 살면 우리도 충분히 만족스러운 삶을 살아갈 수 있습니다. 그걸 가능하게 만드는 가장 강력한 무기가 바로 '독서'입니다.

이 책에는 평범한 삶을 살던 제가 독서를 통해 비교적 더 나은 삶으로 나아갈 수 있었던 과정을 생생하게 담았습니다. 인생을 살아가며 겪었던 개인적인 에피소드와, 실질적으로 도움이 되는 체계적인 독서 훈련법도 함께 적었습니다. 또한 저를 내적·외적으로 성장시켜준 수많은 사상가들의 가르침을 이 책에 최대한 녹여냈습니다.

독서를 통해 삶의 힘을 얻고 더 거대한 꿈을 꿀 수 있었던 제가, 이제는 독서에 대한 책을 쓰는 저자가 되었다는 것이 감개무량합니다. 그러니 제가 느꼈던 황홀한 배움의 즐거움과 인생에 대한 깨달음을 여러분도 충분히 누리셨으면 좋겠습니다. 이 책이 여러분에게 독서가 더 나은 삶을 살게 해주는 강력한 무기임을 깨닫게 하는 계기가 되기를 바랍니다.

CHAPTER 1

책을 읽었더니 15만 유튜버,
연봉 2억이 되었다

발은 진흙에 파묻혀 있지만
두 눈은 밤하늘의 별을 보다

"희망은 두려움보다 강력한 유일한 것이다." 영화 〈헝거게임〉에서 나온 명대사입니다. 이 말을 들었을 때, 많은 생각이 머릿속을 스쳤습니다. 무엇이 인간을 강하게 만드는지, 어떻게 극한의 상황에서도 앞으로 나아갈 수 있는지에 대해서 말입니다. 결론적으로, 인간을 움직이는 가장 강력한 힘은 바로 '희망'이라는 걸 다시 한 번 실감했습니다.

삶을 살아가면서 여러 번 느꼈습니다. 아무리 어려운 상황이라도 희망이 있으면 우리는 끝까지 견딜 수 있습니다. 가난하거나 절망적인 상황에서도 마음 한구석에 희망이 자리하고 있다면, 우리는 다시 일어설 힘을 얻습니다. 반면, 지금 당장은 조금 풍족하게 살고 있다고 해도, 그 상태를 유지할 수 있을지 확신이 없거나, 혹은 더 나아질 가능성이 전혀 보이지 않을 때 우리는 용기를 잃어버립니다.

이처럼 인간의 감정은 단순히 현재 상황에만 영향을 받는 것이 아니라, '가능성'이라는 개념에 크게 좌우됩니다. 앞으로 더 나아질 수 있다는 믿음이 있다면 우리는 고난 속에서도 웃을 수 있습니다. 그러나 그 가능성이 차단된 순간, 우리 내면의 힘은 사라지기 시작합니다. 결국 인간의 감정은 가능성에 의해 좌우되는 운명인지도 모릅니다.

이러한 경험을 통해 깨달은 것이 하나 있습니다. 바로, 가능성을 찾아야 한다는 점입니다. 희망은 단지 기다린다고 해서 우리에게 찾아오는 것이 아닙니다. 우리가 주체적으로 세상을 바라보고, 가능성을 찾으려고 노력할 때 비로소 나타나는 것입니다.

어쩌면 지금 내가 너무 좁은 시야로 세상을 바라보고 있었던 것은 아닌지 돌아봐야 할 때일지도 모릅니다. 아직 발견하지 못한 가능성, 내가 알지 못하는 나의 잠재력, 그리고 내 안에 숨겨진 능력을 찾아야 합니다. 세상을 바라보는 견해를 넓히고, 아직 내 손에 잡히지 않은 것들을 향해 시선을 돌려야 합니다.

인생은 종종 어두운 터널과 같습니다. 하지만 그 끝에 빛이 있다는 것을 안다면 우리는 힘을 내어 걸어갈 수 있습니다. 반대로, 터널의 끝에 아무것도 없다고 느껴진다면, 우리는 걷는 것을 멈출지도 모릅니다. 그렇기에 희망은 단지 목적지에 있는 것이 아니라, 우리가 길을 걷는 이유 자체가 되는 것입니다. 따라서 진정한 희망은 더 먼 곳을 바라볼 때 생깁니다. 지금 당장은 힘들고 고통스러울지라도, 그 너머에 있는 목표를 상상할 수 있어야 합니다. 목표는 단순히 현실적인 성과만을 의미하지 않습니다.

"우리는 모두 진흙탕에 있지만, 그중 몇몇은 별을 바라본다네." 오스카 와일드가 한 멋진 말입니다. 내 발은 지금 진흙 속에 파묻혀 있지만, 광활히도 찬란한 저 별을 바라보며 걷다 보면 안온한 길을 걷게 될지도 모릅니다. 지금도 멋진 삶이지만, 앞으로도 아름다운 가능성이 남아 있을 거라 믿습니다.

간절히 성공하고 싶었다,
그러나 방법을 몰랐다

지독한 가난은 아홉 살의 한 아이를 깊은 우울 속으로 빠뜨렸습니다. 그 우울의 굴레에서 벗어날 수 있었던 건, 해결의 실마리를 찾은 덕분이었습니다. 독서가 그 시작점이었습니다.

높은 곳에서 떨어질수록 더 아프기에…

아직도 기억납니다. 초등학교 3학년, 그 시절 우리 집은 가난했습니다. 집에 쥐가 들끓어서 소중한 식량인 쌀과 라면을 파먹었습니다. 보일러가 없어서 번개탄과 연탄을 지폈죠. 화장실도 따로 없어 밖에서 쭈그려 앉아 볼일을 보는 재래식을 사용했습니다. 예전 시대에 사셨던 분들이 보면 "그게 뭐가 힘들어"라고 하실 수도 있습니다만, 행복과 불행은 상대적이잖아요. 제 주변 친구들과 비교할 때 분명 우리 집은 너무나 가난했습니다.

책을 읽었더니 15만 유튜버, 연봉 2억이 되었다

높은 곳에서 떨어질수록 더 아프잖아요. 이와 같은 가난이 더 큰 시련으로 다가온 이유가 있었습니다. 초등학교 이전에는 잘 살았습니다. 아버지께서 사업으로 제법 돈을 버셨습니다. 당시 아늑하게 살 수 있던 집이 있었습니다. 아주 희미한 기억이지만 집이 크고 시설도 좋았습니다. 차도 여러 대가 있었습니다. 삐까 번쩍한 외제차인지 기억나지는 않습니다만, 회사의 영업 유통의 용도로 사용하는 차가 10대 이상 있었던 것 같습니다.

좋은 환경을 갖춘 학교를 다녔습니다. 친형은 사립 초등학교에 입학해 다녔으니까요. 여덟 살짜리 아이들이 교복을 입고 등교합니다. 교육열이 무척 뜨거운 곳에서 저와 형은 자랐습니다. 기가 세고 다른 사람들을 잘 통솔하는 어머니는 그런 곳에서 학부모 리더까지 맡았습니다. 우리 집보다 돈이 많은 기업가의 손주가 있었고, 이름을 대면 알 만한 유명한 연예인의 자녀가 다녔던 기억이 있습니다.

저만 해도 초등학교 입학 전부터 여러 학원을 무척 많이 다녔던 기억이 납니다. 공부하는 학원만 다닌 게 아니었습니다. 바둑, 웅변, 서예 등 교양을 높이는 레슨도 받았습니다. 지금 생각하면 매우 좋은 교육을 받았던 것입니다. 아이의 인문학적 성향을 기르기에 훌륭한 방식이었습니다.

지나고 보니 꽤나 스파르타식의 일정이었습니다. 초등학교

1학년 수준의 아이에게는 말이죠. 그렇지만 불만이 전혀 없었습니다. 제게 잘 맞았거든요. 공부하고, 경험하고, 새로운 걸 배워나가는 과정이 재밌었습니다. 아버지는 금전적인 도움을 주셨고, 어머니는 높은 성적을 받을 수 있는 환경을 만들어 주셨습니다.

그러다 초등학교 2학년쯤 기미가 보였습니다. 가정의 평화가 산산조각이 날 조짐 말입니다. 잘 운영하고 있던 아버지의 사업이 부도가 나기 시작했습니다. 부도가 난 집의 부부관계가 어떻겠습니까. 당연히 부모님의 사이는 극심히 안 좋아지고 있었죠. "괜찮아, 별 일 없어." 어머니가 저희를 달래줬지만, 아버지의 핏기 없는 창백한 얼굴을 보고 '뭔가 잘못되고 있구나'라고 알아차릴 수밖에 없었습니다.

결국 부모님은 결심했습니다. 이 문제를 해결하려면 특단의 조치가 필요하다 생각한 거죠. 두 분은 거실 소파에 앉아 저희를 불렀습니다. "둘이 여기로 와서 앉아봐." 방금까지 별 생각 없이 장난치고 있던 저와 형은, 서늘한 부모님의 표정을 보고 이상함을 감지했습니다. "얘들아… 너희… 그러니까…" 계속 멈칫하며 입 때기를 망설이셨습니다. 그리고 다짐한 듯 말씀하셨습니다.

"너희 중국 가서 살 거야. 둘이서만…" 마음이 연약하고 소심했던 저희 형은 그동안 애써 눌러왔던 불안감이 극에 달했고, 그것이 눈물로 이어졌습니다. 무릎을 꿇고 엉엉 소리 내며 흐느끼

책을 읽었더니 15만 유튜버, 연봉 2억이 되었다

고 있었습니다. 그 당시의 저는 그런 형을 보는 게 마음 아팠는지, 지금 어떤 상황인지도 모르고 형을 달랬습니다. "형, 괜찮아. 우리 잘 살 거야." 저보다 큰 어깨를 가진 형을 쓰다듬으며 위로했습니다.

지금 생각해보면 어떻게 그랬을까 싶습니다. 저도 불안했거든요. 그래서 아직 그때의 심리적 상처가 남아 있습니다. '혼자가 될 수 있다, 버림받을 수 있다'는 생각을 너무 어린 나이에 경험한 것이죠. 그러나 마음을 추스를 시간도 없이 저희는 배를 타고 출항했습니다. 낯선 중국으로요.

_____ 아홉 살, 낯선 곳에서 우울증에 걸리다

지금으로 따지면 쉐어하우스라고 할까요? 형과 저는 일종의 기숙학원 같은 곳에 들어갔습니다. 그곳에는 또래가 4명 있었습니다. 모두 부모님과 떨어지게 된 아이들이었습니다. 다행히 아직까지는 가세가 완전히 기울지는 않은 상황이라 중국에서의 환경은 무척 좋았습니다. 100평 이상의 넓은 공간인데 2층까지 사용할 수 있었으니 아이들이 뛰어놀기에 제격이었죠. 넓기만 한 게 아니라 시설도 깔끔했습니다. 밥을 차려주시는 이모님도 계셨고,

중국어와 생활방법을 알려주는 가이드 누나도 있었습니다.

우리가 머물던 지역이 어디였는지는 가물가물합니다. 그래도 떠올리면 몇 가지 기억나는 모습들이 있습니다. 해안가였던 것 같습니다. 멀리서 바닷내음이 잔잔히 감돌았습니다. 양꼬치 거리도 기억나네요. 길을 걸으면 양꼬치를 파는 상인들이 무척 많았습니다. 포장마차처럼 들어가 양꼬치를 시켜 먹을 수 있던 그 모습도 떠오릅니다. 그리고 가장 기억에 남는 것 중 하나는 지단삥이라는 음식입니다. 큰 계란말이 같은 것 안에 고기를 넣어 파는 요리였는데 매우 저렴하고 맛있었습니다. 그래서 그런지 항상 지단삥 푸드트럭 앞에는 사람들이 줄을 이었습니다.

중국에 머문 지 한 달 정도 되었을까요. 저와 형은 현지 중국인들이 다니는 학교에 입학합니다. 지금 생각하면 '도대체 어떻게 다녔지?' 싶을 정도로 저의 용기에 감탄합니다. 외지인이 거의 없었던 곳이었습니다. 그러므로 우리는 이방인이 된 거죠. 말도 전혀 안 통하고, 정서도 안 맞는 아이들과 학교를 다니는 게 힘들었습니다.

한 번은 이런 일도 있었습니다. 모든 친구들이 수업 도중 몰래 불량식품을 먹는 걸 보고 혼자 따라했어요. 그런데 평소 저를 시기하던 친구가 저를 지목하며 "선생님, 얘가 수업 시간에 뭐 먹어요"라고 일러바치더군요. '방금까지 너도 먹었잖아?'라는 생각에 억울함과 당혹스러움이 같이 깃들었습니다. 다행히 선생님께서는 그닥 차별이 없어서서 간단한 주의를 주고 넘어갔습니다. 저를 배려해주신 게 기억납니다.

그런데 이렇게 핍박하는 학교보다 저를 더 힘들게 한 것은 따로 있었습니다. 저의 곁에 부모님이 없다는 것이었죠. 보호 받고 싶고, 투정 부리고 싶고, 잘했던 일들은 자랑하며 떠들고 싶은데 지금 내 곁에는 어머니와 아버지가 없었습니다. 보통 다른 아이들의 부모님은 1개월에 한 번씩 왔습니다. 그런데 저희 부모님은 3~4개월에 한 번씩 왔습니다. 그것도 어머니 혼자만요. 그것이 저의 정서에 지대한 영향을 미쳤습니다.

어린 아홉 살짜리 아이의 내면에는 '나 지금 버림받은 거 아닐까?' 하는 불안이 싹 트기 시작했습니다. '나는 혼자가 된 걸 수도 있어. 반드시 살아남아야 해.' 원치 않은 자립심이 탄생했습니다. 그리고 그것은 우울증이라는 잎으로 무성히 피어나게 됩니다.

아직도 그때가 기억납니다. 우울증의 증상으로 매일 같은 악몽을 한 달 동안 꿨습니다. 꿈의 내용도 생생히 기억납니다.

낡은 폐건물 정문에 저희를 담당해주는 누나가 서있었습니다. 위아래 흰색 옷을 입고 창백한 얼굴을 하고 있었습니다. 제가 "누나, 왜 그래, 어디 가?"라고 하면, 갑자기 장면이 빠르게 바뀌어 4층 창문을 향했습니다. 누나는 창문에 앉아 있다가 저를 보고 씩 웃으며 뒤로 떨어졌습니다.

그리고 중국에 다니고 있던 학교 복도로 꿈의 장면이 바뀝니다. 그 복도는 삼거리와 같은 구조였습니다. 중앙을 기준으로 좌우 그리고 앞으로 복도가 있었죠. 그 중앙 구역에 제가 서있었고, 모든 복도에서 흰색 가운을 입은 사람들이 저를 향해 천천히 뚜벅뚜벅 걸어옵니다. 의사와 선생님 같았습니다. 그들 손에는 칼이 있었습니다. 공포에 질려 도망갈 곳 없이 아등바등거리다 결국 무수히 많은 칼에 제가 찔립니다. 가장 고통스러웠던 건 찔리면서도 바로 죽지 않았던 것입니다. 고통을 겪으며 비명을 지르고 있었죠. 그러다가 소리를 지르며 깼습니다.

매일 이런 꿈을 반복하다 보니 도저히 제대로 잠을 잘 수가 없었습니다. 너무 무서워 아래층으로 내려가, 제 몸보다 몇 배는 큰 TV를 황급히 켰습니다. 모두가 잠든 새벽 시간에 저는 매번 애니메이션을 켜서 그 두려움을 달랬습니다. 한 달이 넘는 시간 동안 매일 평균 2시간씩 잤던 것 같습니다.

이후에 중국생활이 조금은 익숙해지고, 특히 어머니가 MP3 같은 걸 주셨는데, 음악을 들으며 잘 수 있게 되면서 악몽을 안 꾸게 되었습니다. 그렇게 중국에서의 외로운 삶에 조금씩 적응해가고 있었습니다.

지독한 가난이 본격적으로 시작되다

중국에서 살게 된 지 약 1년쯤이었습니다. 집에서 저희를 담당해 주던 선생님이 이런 말을 했습니다. "너희, 자꾸 말 안 들으면 돌려보낼 거야." 형은 그 이야기를 들으며 혼비백산이 되었지만, 저는 '겁주려고 하시보다'라고 생각하며 크게 걱정하지 않았습니다. 시간이 지나면서 교우관계가 개선되고 말도 잘 들었으며 학교에서 성적도 좋았기 때문입니다.

그리고 며칠이 지났습니다. 저희는 한국으로 가게 됩니다. 놀랐습니다. 그 말이 허풍이 아니라 진짜였다는 사실에 혼란스러웠습니다. 너무 갑작스러웠으니까요. 그래도 일은 벌어졌고, 다시 마음을 다잡아야 했습니다.

한국으로 돌아오는 길에 다시 어떻게 살 건지에 대한 다짐들을 했습니다. '다시 수학 학원도 열심히 다니자. 바둑에도 재미를 붙여보고, 수영도 잘 할 수 있을 거야.' 이전 한국에서 지냈던 때처럼, 다시 여러 학원을 다니며 열심히 공부해야겠다고 마음을 다잡았습니다.

이제는 제법 지난 이야기라 기억이 가물가물합니다. 아마 하루이틀 정도 배를 탄 것 같습니다. 1월쯤이었고 엄청난 한파에 뼈가 아릴 정도였습니다. 추운 겨울, 한국에 도착했습니다. 얼른 부모님을 만나고 싶어 뛰어 내려갔습니다.

그런데 우리를 기다리고 있던 건 아버지 혼자였습니다. 그리고 아버지는 이전과는 완전히 다른 사람처럼 보였습니다. 다 뜯어진 것 같은 바지에, 너저분해 보이는 겉옷들을 여며 입었습니다. 무섭고 근엄해 보였던 아버지의 모습은 사라지고, 제 눈앞에 있던 건 아이처럼 울면서 고개조차 제대로 들지 못하는 한 남자였습니다. 누구의 눈에도 패배자로 보일 수밖에 없는 모습이었죠. 아버지는 저희 손을 붙잡고 한마디를 외쳤습니다. "가자."

의아했습니다. '이전에 타던 차를 안 타고 왜 택시를 타고 있지? 왜 서울이 아니라 다른 곳으로 가지?' 다시 고급스러운 서울 생활을 할 거라 기대했던 소년이 도착한 곳은 경기도의 한 시골 동네였습니다. 우리가 향한 곳은 친할아버지의 집이었습니다. 아버지의 사업이 망하고 빚을 진 탓에, 할아버지 집에 얹혀살게 된 것이었죠. 그때부터 성인까지 이어지는 지독한 가난이 시작되었습니다.

할아버지는 저희를 예뻐하지 않았습니다. 원래 정을 붙이는 분도 아니었고, 망한 막내아들 때문에 비좁은 집에서 여러 명이 살게 된 것이 싫으셨겠죠. 본인이 살던 주거 지역을 침범당한 거니까요. 다행인지 불행인지 모르겠지만, 할아버지와 보내는 시간은 길지 않았습니다. 저희가 살게 되고 얼마 지나지 않아, 할아버지는 이전부터 겪어왔던 질병을 버티지 못해 요양원으로 들어가게 되셨습니다.

곧 무너질 것 같은 남루한 할아버지의 집에, 이제 남자 셋이 살게 되었습니다. 그곳에는 보안장치가 걸린 문이 없었습니다. 마음만 먹으면 누구나 들어올 수 있는 구조였습니다. 화장실은 재래식이었습니다. 혹시라도 밑으로 빠질까 걱정하며 매번 조심스럽게 볼일을 봤습니다. 소변을 보는 곳은 따로 정해져 있지도 않았습니다.

씻을 곳도 없었습니다. 마당에 고무호스가 달린 수도꼭지가 있었는데, 항상 찬물만 나왔습니다. 그래서 따뜻한 물로 씻고 싶을 때면, 수도꼭지 반대편에 있는 큰 가마솥에 물을 넣고 불로 덥혀 마당에서 샤워를 했습니다. 그나마 씻을 수 있는 시설을 갖춘 건 5학년쯤이었던 걸로 기억합니다.

집 곳곳에는 쥐가 들끓었습니다. 경험해보신 분들은 잘 아실 겁니다. 집 천장에 '바스슥 바스슥' 하며 쥐가 돌아다니는 소리가 납니다. 너무 시끄러워 천장을 "쿵" 치면, 잠시나마 조용해집니다. 처음 살 때만 해도 감당 못할 수준은 아니었는데, 그 집에서 탈출하기 막바지쯤에는 저희가 살던 방 안에도 쥐가 너무 많이 보였습니다. 그리고 쥐들은 항상 저희의 식량들을 갉아 먹었습니다.

중학교 2학년 여름방학 때로 기억합니다. 그때 학교에서 가장 환경이 불우한 학생을 3명 선발했습니다. 방학 동안 제대로 먹지 못해 위험한 일이 생길 수 있다는 것이 선발 기준이었습니다. 그 지역에 있는 대기업 공장에서 학교 측에 지원해주는 프로그램이 었습니다. 그 3명 중 한 명으로 제가 선택되었습니다. 라면과 쌀 등으로 45일치 정도의 식량을 얻었습니다. 가족에게 도움이 된 것 같아 기뻤습니다. 그런데 그 귀한 식량마저도 쥐가 계속 갉아 먹었습니다. 그 이후로 비위가 상해서 아직도 유통기한이 지나거 나, 음식 상태가 안 좋으면 못 먹습니다.

저희를 괴롭혔던 것 중 또 하나는 연탄이었습니다. 보일러를 돌릴 여유가 없었습니다. 시골의 겨울은 혹독합니다. 살이 아릴 것 같은 추위를 견뎌야 합니다. 가장 힘들었던 것이 번개탄과 연 탄에 불을 붙이는 거였습니다. 마당으로 나가 토치 같은 것으로 번개탄에 불을 지폈습니다. 번개탄에 충분히 열이 붙으려면 제법 시간이 필요했습니다. 서릿발 같은 냉기를 품은 겨울에 그 기다 림의 시간은 지옥 같았습니다. 발가락이 얼 것 같았죠. 번개탄을 뜨겁게 만들고, 집 안으로 가져와 연탄과 연탄 사이에 집어넣습 니다. 연탄의 화력이 오를 때까지도 시간이 꽤나 걸립니다. 한 번 은 혼자 집에 있을 때 연탄 뚜껑을 잘못 달아, 연탄 중독에 걸려 병원에 간 적도 있습니다. 그래서 그런지 지금도 살이 아릴 것 같 은 추위가 느껴지면 기분이 몹시 불쾌해집니다.

이런 환경이다 보니 당연히 입을 옷도 없었겠죠. 기억나는 사건이 있습니다. 초등학교 4학년쯤이었어요. 신고 있던 신발이 뜯어져, 집에 남은 할아버지 구두를 신고 갔습니다. 등교한 지 얼마 안 되던 때라 그런지 서로가 낯선 환경이었는데, 저의 신발을 보며 여자 아이들이 수군대며 비웃었습니다. '신발을 이렇게 신으면 안 되는 거구나' 하며 그때 깨달았습니다.

그 일들을 알고 아버지는 속상하셨는지 시장에서 가장 저렴한 옷과 신발들을 사주셨습니다. 유명한 브랜드의 옷을 깔끔하게 입는 다른 아이들의 모습이 부러웠지만, '그래도 입을 옷이 있는 게 어디야'라는 생각을 하며 마음을 달랬습니다. 그렇게 새로운 환경에서의 삶에 적응해 나가고 있었습니다.

_____   궁금함이 사라진 무기력한 삶

하지만 다짐과 달리 세상과 현실은 녹록지 않았습니다. 마음만 먹는다고 드라마처럼 인생이 갑자기 변하지는 않죠. 집안 여건이 어려워 초등교육조차 제대로 따라가기 어려웠습니다. 특히 중국에 다녀오면서 한국의 3학년 때 배우는 나눗셈을 놓쳤는데, 이 하나의 공백이 예상치 못한 파급효과를 만들었습니다. 기본적인

수학 공식을 몰라 숫자를 사용하는 과목들에서 모두 성적이 바닥을 쳤습니다.

선생님께 질문하고 싶었지만, 수업은 제게만 맞춘 과외가 아니었으니 기초가 부족한 제 질문에 일일이 답해주면 수업 진행이 어려웠겠죠. 대부분 친구들은 방과 후 학원에 가서 복습과 예습을 했지만, 우리 가족에겐 학원비가 너무 큰 부담이었습니다. 공부를 위해 학원을 다닌다는 건 사치였죠. 그때부터 저는 모르는 것을 그냥 넘기는 안 좋은 습관이 생겼습니다.

공부뿐 아니라 견문도 좁았습니다. 가난한 환경 탓에 여행도 가보지 못했으니까요. 스무 살까지 가족 여행을 국내도 가본 적이 없습니다. 중학교 3학년 때 친구들과 가까운 계곡을 다녀온 게 전부였습니다. 방학 때가 되면 미국과 유럽으로 여행을 떠나거나 가까운 일본이라도 가는 친구들이 많았지만, 제겐 남의 이야기였습니다. 넓은 세상에 대한 동경도 점차 사라져갔습니다.

무관심은 무서운 존재입니다. 궁금함이 사라진 삶을 이어가다 보니, 어릴 적 꿈꾸던 열정은 흔적도 없이 사라졌습니다. 기계적으로 살면서 겁쟁이가 되어 갔고, 낙후된 시골 마을에서 철장 속에 갇힌 새처럼 오랜 시간 지냈습니다. 처음엔 뚫고 나가려고 했지만 결국 포기했고, 이제는 세상이 얼마나 넓은지도 궁금하지 않게 되었습니다. 어떤 의미를 갖고 살아갈지도 관심이 없었죠.

눈앞에 보이는 것은, 아무리 노력해도 변하지 않는 남루한 현실 뿐이었습니다.

좋아하는 뇌과학자의 한 말이 떠오릅니다. "어떤 부모님에게 태어났느냐보다, 어디서 태어났느냐가 더 중요할 수 있다." 저는 이 말에 무척 공감합니다. 모든 것이 제한적이었던 어린 시절에 저는 편협한 인간이 될 수밖에 없었습니다. 바라볼 수 있는 세상은 너무나 좁았고, 배울 만한 사람도 찾기 어려웠습니다. 그런 시련을 홀로 견디기엔 그때의 저는 아직 너무 어렸습니다.

_____   사서삼경, 그거 재미없지 않나요?

스무 살이 되던 해, 저는 군대에 가기로 결심했습니다. 대학에 대한 생각도 딱히 없었고, 그 시절 제 삶에 뚜렷한 목표나 방향성도 보이지 않았거든요. 할 수 있는 일이 마땅히 없었고, 무엇을 하며 살아야 할지조차 감이 오지 않았습니다. 그래서 남들처럼 대학교에 진학하기보다는 군대를 빨리 해결해서 차라리 그 시간을 낭비하지 않으려 했습니다. 새로운 세상에 대한 기대감은커녕 두렵고 불안한 마음이 더 컸죠. 당시 제 마음속에는 '이 2년이 정말 낭비되는 건 아닐까?'라는 생각이 자주 떠올랐습니다. '전역하고 나면 뭔가 달라질까, 아니면 그냥 또 방황하게 될까?' 하는 회의 감에 사로잡혔습니다.

그렇게 막연한 불안과 의문을 안고 지내던 어느 날, 저에게 아주 특별한 일이 일어났습니다. 중학교 시절 담임선생님이셨던 은사님을 찾아뵙게 되었죠. 그분은 그 시절 저의 가벼운 성격을 잘 이해하고 다독여 주셨던 분입니다. 가끔 장난스럽게 굴면서도 진심으로 저의 성장을 응원해주셨습니다.

선생님과 여러 가지 이야기를 나누던 중, 그분이 저에게 이런 질문을 하셨습니다. "군대에 가서 그 시간을 어떻게 보낼 거니?"라는 물음에 저는 대수롭지 않게 "글쎄요, 그냥 어떻게든 되겠죠"라며 툭 던지듯 대답했습니다. 그때 선생님은 잠시 저를 바라보시더니, 흘리듯 말씀하셨습니다. "사서삼경을 읽어보는 게 어때? 동양의 오래된 책들인데, 그걸 읽으면 반드시 지혜로워질 거야. 어쩌면 인생이 바뀔지도 몰라."

사실, 저는 그 말을 듣고 처음에는 의아했습니다. '사서삼경이 뭘까? 왜 하필 군대에서 이런 책을 읽으라는 거지?'라는 생각이 머릿속을 가득 채웠습니다. 그래서 선생님께 "그게 뭔가요?"라고 물었더니, 선생님은 진지하게 설명해주셨습니다. "동양 고전인데, 여러 철학과 지혜가 담겨 있는 책이야. 네가 지금까지 접해본 어떤 책과도 다를 거야. 만약 그 책을 진지하게 읽는다면 네 삶을 바꿔놓을지도 모른다."

사실 당시에는 선생님의 말씀이 그다지 크게 와닿지는 않았습니다. 어린 나이에 사서삼경 같은 고전을 읽는다고 해서 그게 대체 무슨 의미가 있을지, 의구심이 들었죠. 그래서 "그거 재미없지 않나요?"라고 묻기도 했습니다. 하지만 선생님의 말씀 중 '인생이 바뀔지도 모른다'는 말이 계속 저의 머릿속을 맴돌았습니다. 그 말은 시간이 지나도 쉽게 잊히지 않았습니다. 어떻게 보면 허영심도 있었던 것 같습니다. 어릴 때부터 남들에게 있어 보이는 사람이 되고 싶다는 열망이 있었고, 나만의 뭔가를 찾고 싶다는 욕구도 있었습니다.

그래서 '그래, 군대에 가면 시간도 많을 테니 한번 읽어보자' 결심하게 되었습니다. 그리고 무더운 여름날, 입대를 하게 되었습니다.

거인의 어깨에
올라타는 법을 알게 되다

드라마 같은 순간이 찾아왔습니다. 어려웠던 책이 너무 쉽게 읽히는 겁니다. 한 페이지를 읽기 위해 몇 시간을 썼던 예전과 다르게, 한 페이지를 넘기는 속도가 매우 빨라졌습니다.

_____ 군대에서 억지로 독서를 시작하게 되었지만…

막상 군대에 들어가니 책은 생각도 안 났습니다. 극도의 긴장과 피로가 쌓였죠. 그냥 편히 뒹굴대며 자고 싶은데 워낙 규율이 강했던 곳이라 상상조차 할 수 없었습니다.

토요일이 되면 오전에 단체 자유시간을 줬습니다. 대부분 밖에 나가 축구로 스트레스를 풀었습니다. 힘이 넘쳤던 때였기에 저도 쌓였던 불만을 밖에 나가 해소하고 싶었죠. 그런데 저희 반만 밖에 안 나갔습니다. 유일하게 저희 선임들은 오전 시간에 자기계

책을 읽었더니 15만 유튜버, 연봉 2억이 되었다

발을 하라며 책을 읽게 했습니다. 가장 선임이었던 분이 만든 문화였습니다. 그래서 한 명도 빠짐없이 독서를 해야 했습니다.

'아, 책 재미없는데. 밖에 나가서 운동하고 싶은데.' 가뜩이나 매일 마주치는 사람들과 안에서 계속 함께 있는 게 답답했는데 같이 앉아 책이라뇨, 정말 끔찍했습니다. 게다가 그때까지 한 권의 책도 읽은 적이 없었기 때문에 글자를 보면 바로 잠에 빠졌습니다. 제가 난독증이 있는 줄 알았다니까요. 그렇지만 어쩌겠습니까. 선임들이 너무 무서운 걸요. 아무 책이나 골라 시간을 때워야겠다 생각했습니다.

그런데 신기한 일이 생겼습니다. 1주, 2주 읽다 보니 점점 글을 읽는 속도가 빨라졌습니다. 어떤 부분에서는 재미를 느끼기도 했습니다. 그맘때쯤 기욤 뮈소의 『종이 여자』라는 연애 소설을 추천 받았는데, 외로웠던 군인에게 제격인 책이었습니다. '이런 낭만적인 연애가 있다니. 얼른 전역해서 연애하고 싶다!' 살면서 처음으로 책에 흥미를 가지게 되었습니다.

하지만 그것도 지속되진 못했습니다. 계속 연애 소설과 같은 쉬운 작품을 읽다 보니 지루함을 느꼈습니다. '역시 나는 책이랑 안 맞아.' 다시 밖으로 나가 운동하고 싶어졌죠. 그때 인생에 가장 중요한 사건이 찾아옵니다. 모든 후임들에게 존경을 받고 있던 선임이 제게 책 한 권을 추천해줍니다. "상윤이, 니 이 책 한

번 읽어봐라." 지금의 저를 만들어준 첫 번째 책, 알랭 드 보통의
『불안』이라는 작품을 선물 받았습니다.

"이 책 어렵지 않습니까?" 평소 난해한 책을 읽던 선임이어
서 걱정이 되어 물었습니다. 제 수준에는 너무 버거울 것 같았습
니다. 그러자 선임은 "그래도 한 번 읽어봐라. 인생을 바꿀 수 있
을 거야"라고 대답합니다. 선생님의 말씀에 이어 또 듣게 되었죠.
"책이 인생을 바꿀 거야." 이 말을요. '도대체 인생을 어떻게 바
꾼다는 거야?' 경험해본 적이 없었기 때문에 불신이 가득했지만,
워낙 존경하고 좋아하던 분이었기에 실망시키고 싶지 않아 책을
읽기 시작했습니다. 그때는 몰랐습니다. 한 권의 책을 읽기 위해
석 달이 걸릴 줄은요.

_____   3개월이 걸려 한 권의 책을 읽다

어려운 책이었습니다. 모르는 단어 투성이에, 왜 이렇게 말을 어
렵게 꼬아서 쓰던지, 그냥 눈으로 따라가면 도무지 이해할 수가
없었습니다. 그래서 연필을 들기 시작합니다. '책 읽는데 이렇게
까지 해야 하나?' 학습지를 공부하듯 책에 필기를 해 가며 읽었
습니다. 머리가 좋지 않은지, 필기를 해도 기억에 남지 않아 포스

트윗에까지 적었습니다. 그리고 중요한 부분은 더 강조해야 할 것 같아서 형광펜을 칠했습니다. 이렇게 하지 않으면 도저히 한 페이지도 나아갈 수가 없었거든요.

존경하는 선임에게 인정받고 싶어 독서를 시작한 지 3개월, 드디어 마지막 페이지를 읽고 책을 덮었습니다. 어땠을까요? 엄청난 통찰력을 얻었을까요? 저는 책을 다 읽고 나면 갑자기 멘사 회원처럼 지능이 확 높아질 거라 생각했습니다. 만화에서 보던 주인공들처럼 갑자기 세상이 다르게 보이는 초인이 될 줄 알았습니다. 그런데 웬걸, 허무한 감정이 들었습니다. 그렇게 고생했는데 남은 게 없던 기분이었어요. "인생을 바꿀 거야"라는 말을 믿었는데 변한 게 하나도 없었습니다.

그러자 갑자기 독서에 정이 떨어졌습니다. '그래, 나 같은 게 무슨 책이냐. 저런 건 공부 잘하는 사람들이나 하는 취미야' 하며 속으로 불만을 토로했습니다.

그렇게 또 찾아온 토요일의 단체 독서시간, 뾰루퉁한 마음으로 성의 없이 아무 책이나 골라왔습니다. '대충 시간 때우다 밥이나 먹자.' 책을 진지한 표정으로 음미하며 읽는 선임들이 이해가 안 갔습니다. '그렇게 재밌나? 취향에 맞나?' 그래도 하는 수 없기에 책을 펼쳤죠.

이때 살면서 가장 신비로웠던 드라마 같은 순간이 찾아왔습니다. 제법 어려워 보이던 내용의 책이었습니다. 그런데 너무 쉽게 읽히는 겁니다. 작가가 하는 말을 굳이 머리 쓰지 않아도 이해가 되고, 심지어 거기에 제 생각이 더해지고 아이디어가 샘솟기 시작했습니다. 한 페이지를 읽기 위해 몇 시간을 썼던 예전과 다르게, 한 페이지를 넘기는 속도가 눈에 보일 정도로 빨라졌습니다. 가슴에 불이 지펴지기 시작했습니다. 마치 작가와 뜨거운 대화를 하듯 극도의 몰입을 했습니다.

그러다 점심 식사 알림 종이 울렸습니다. 벌써 몇 시간이 지난 겁니다. '말도 안 돼. 10분 정도 지난 것 같았는데.' 한 편의 영화 같았습니다. 마치 천재가 된 것처럼 책의 중요한 내용이 머리에 다 기억에 남았습니다. 이 신비로움을 나누고 싶어 책을 추천해줬던 선임들에게 느낀 점을 쏟아냈습니다. 존경하던 선임도 제 열정에 못지않게 반응해주었습니다. 그리고 마지막에 씨익 웃으며 "상유이, 독서 잘하네. 니 똑똑하다"라고 칭찬해줬습니다.

이 기분은 뭘까요? 살면서 한 번도 경험해보지 못한 쾌감이었습니다. '나도 독서를 할 수 있다'라는 확신이 생겼습니다. 그 이후 저는 전역할 때까지 하루도 빠짐없이 독서를 했습니다. 그리고 그때부터 글을 쓰기 시작했습니다. '독서' '글쓰기' '말하기'라는 인생을 바꿀 무기들을 집어 들기 시작한 것입니다.

월급 20만 원으로 버티며
독서만 했던 이유

한 달에 50만 원 정도밖에 못 벌 만큼 가난하지만, 마음은 풍요로울 수 있다는 중요한 깨달음을 얻었습니다. 가난해도 미래의 희망이 보이면 사람은 용기를 얻을 수 있습니다.

계란이 되어 바위를 쳐보다

군대를 전역했습니다. 파란만장한 삶이 펼쳐질 줄 알았습니다. 하지만 역시 세상은 저 같은 풋내기에게 바로 손을 내밀 만큼 녹록지 않았습니다. 이제 현실적인 문제에 부딪혔습니다. 애당초 책을 읽었던 이유가 성공하기 위함이었잖아요. 돈을 벌고 성공을 하고 싶었습니다.

처음에는 무대 사회자인 MC가 꿈이었습니다. 그런데 정말 가진 게 아무것도 없었습니다. 모아둔 돈도 없고, 부모님의 지원도 없었습니다. 원래 살던 곳이 서울이 아니었기 때문에 인맥도 전혀 없었습니다. '맨땅에 헤딩' '계란으로 바위 치기'라는 말이 제 상황에 딱 맞더군요.

하지만 열정과 패기 하나로 업계에서 잘나가는 선배님들에게 이메일을 돌렸습니다. 처음에는 받아주지 않았지만 끈질긴 시도 끝에 만나게 되었고, 혹독한 훈련을 하고 핀잔을 들으며 실력을 키워나갔습니다.

독서의 힘은 여기서도 빛을 발했습니다. 어릴 적부터 "왜 이렇게 말귀를 못 알아듣냐?"라는 말을 자주 들었던 제가, 이제는 선배들의 말을 빠르고 정확하게 이해하고 있었습니다. 게다가 메모하는 습관까지 생겨 그분들이 하는 중요한 말을 받아 적고, 마지막에 정리해 다시 공유하곤 했습니다. 가장 존경하면서도 엄했던 선배가 제가 쓴 메모를 보고 "역시 상윤이는 다르다. 넌 성공하겠다"라고 칭찬을 해줬을 때, 길을 걷다 점프를 할 정도로 너무나 기뻤습니다. 사람이 정말 기쁘면 주변을 신경 쓰지 않고 그렇게 행동하게 되더군요.

한 달에 50만 원밖에 못 벌 만큼 재정적으로는 어려웠지만, 마음은 풍요로웠습니다. 그때 중요한 깨달음을 얻었습니다. 사람을 좌절시키는 건 당장의 궁핍이 아니라, 미래의 불확실성이었죠. 아무리 가난해도 미래에 대한 희망이 보이면 사람은 용기를 얻을 수 있다는 걸 알게 되었습니다. 그리고 그럴 때마다 독서의 힘을 느꼈습니다. 각박하고 불확실한 미래에서 희망을 만들어줄 무기가 바로 독서였습니다. "아는 것이 힘이다"라는 말이 제 가슴 깊숙이 와닿기 시작했습니다.

더 많은 것을 배우기 위해 도전의 폭을 넓혔습니다. MC 영역을 넘어 강의, 디자인, 촬영, 편집 기술 등을 배워 나갔습니다. 점점 아이디어와 센스도 좋아지고, 좋은 기회도 많아졌습니다. 그러다 신이 주신 선물처럼 한국에서 잘나가는 연예인들과 촬영할 수 있는 리포터 역할을 맡게 되었습니다. 그들과 함께하는 일들은 저의 앞길에 중요한 포트폴리오가 되었습니다.

경력이 쌓이며 더 좋은 대우로 다양한 프로젝트를 맡게 되었습니다. 여러 기회를 통해 다양한 분야를 경험하다 보니 제 자신을 더욱 잘 알게 되었고, 무엇이 제게 진정으로 맞는 일인지 점차 깨닫게 되었습니다. 사회자와 리포터 역할도 분명히 보람 있는 일이었지만, 제 마음속에 자리 잡고 있던 진정한 열정은 남을 가르치고 성장하도록 돕는 일에 있다는 걸 알게 되었습니다.

그러면서 자연스럽게 스피치 강의로 눈을 돌렸고, 점차 강의의 매력에 빠져들었습니다. 스피치를 가르치는 일이 저에게 잘 맞을 뿐 아니라, 사람들에게 긍정적인 영향을 줄 수 있다는 것을 깨달으며 무척 큰 보람을 느끼게 되었습니다. 그때쯤 친척 형의 소개로 삼성생명에서 특강을 할 기회를 얻었는데, 이 경험이 저에게는 또 하나의 전환점이 되었습니다.

특강이 끝난 후, 반응이 무척 좋았습니다. 담당자로부터 재강의 요청이 들어왔고, 그 후로는 다른 지역에서의 강의 제안도 이어졌습니다. 담당자분은 제 수업에 대한 만족도가 아주 높다며 더 많은 곳에서 강의를 해주길 요청했습니다. 이런 경험들을 통해 '내 인생도 바뀌는구나!' 실감하며 기뻤습니다. 그렇게 점점 자신감이 넘치는 삶을 살게 되었습니다.

_____ 　　　　　사공이 많으면 배가 산으로 가더라

삼성생명 3회차 강의를 하던 날이었습니다. 강의장에는 100명이 넘는 최고의 영업직들이 자리 잡고 있었고, 2시간 동안 강의는 순조롭게 진행되었습니다. 시간이 다 되어 강의를 마치려 할 때쯤, 몇몇 분들이 손을 들고 질문을 하기 시작했습니다. 저는 남은 10분 동안 그분들이 궁금해하는 것들에 대해 성의껏 설명해주려 최선을 다해 대답했습니다. 그들도 이해가 되었는지 고개를 끄덕이며 만족해하는 듯 보였습니다.

하지만 그 순간, 제 안에서 감당하기 힘들 만큼의 불안과 수치

책을 읽었더니 15만 유튜버, 연봉 2억이 되었다

심이 밀려들었습니다. '내가 왜 이러는 거지?' 하는 의문과 함께 두려움이 저를 엄습했습니다. 스스로 그 이유를 알고 있었기 때문에 더 두렵고 부끄러웠습니다. 그들의 질문에 대해 마치 모든 걸 아는 것처럼 자신 있게 대답하고 있었지만, 실제로는 깊게 이해하지 못한 상태였다는 자각이 든 겁니다. '내가 정말 아는 걸 말하고 있는 걸까? 그냥 그럴듯한 말로 상황을 덮고 있는 건 아닐까?'라는 생각이 계속 저를 괴롭혔습니다.

겉으로는 여유로운 척 말을 이어갔지만, 마음 한편에서는 마치 사기꾼이 된 기분이 들었습니다. '내가 만약 이들에게 잘못된 정보를 주고 있다면? 그들 삶의 중요한 순간에 영향을 줄 수 있는 사람으로서 이대로 괜찮은가?'라는 고민이 머릿속을 떠나지 않았습니다.

그 생각은 결국 강의가 끝난 후에도 계속 저를 따라다녔습니다. 결국 저는 강의를 더 이상 이어갈 자신이 없다는 결론에 다다랐습니다. 그래서 담당자에게 연락을 해 "중요한 사정이 생겨 더 이상 강의를 못할 것 같습니다"라고 전했고, 이어 하고 있던 다른 프로젝트들과 의뢰들도 모두 포기하겠다고 말했습니다. 인생을 바꿀 황금 같은 첫 기회를 제 손으로 내려놓은 셈이었습니다.

주변에서는 이 결정을 이해하지 못했습니다. 가까운 선배와 친구들은 "너 바보 같은 생각을 하고 있는 거야"라며 엄하게 꾸짖었고, "그냥 하던 대로 해. 나중에 괜찮아질 거야"라고 말했습니다. 몇몇은 무슨 성인군자라도 될 생각이냐며 "원래 세상은 다 그렇게 돌아가는 거야"라고 타박하기도 했습니다. 그들의 말도 틀리지는 않아 보였습니다. 어쩌면 제 상황을 조금만 더 가볍게 받아들였다면 이 감정들이 지나갔을지도 모릅니다. 하지만 제 생각도 틀리지는 않았습니다. 단순히 순간의 감정이나 스트레스로부터 도망치려는 게 아니었습니다.

제 머릿속에는 분명한 질문 하나가 떠올랐습니다. '나는 지금 세상을 얼마나 알고 있는가? 과연 이 상태로 성공을 논할 수 있는 걸까?'

제 자신을 돌아보니, 세상의 원리나 구조를 알지 못한 채 그저 겉핥기식으로만 살아가고 있다는 느낌이 들었습니다. 그때 저는 중요한 결론에 다다랐습니다. '세상의 무대에서 성공을 하려면, 먼저 세상의 구조부터 알아야 한다.' 이 막연한 깨달음이 제 마음을 사로잡았고, 곧 저의 길을 정해주었습니다.

세상의 구조를 알기 위해서는 시간을 투자해 깊이 있는 공부가 필요하다고 느꼈습니다. 막연한 공부가 아닌, 세상을 이해하는 데 필수적인 지식이 필요했습니다. 그때부터 저는 일상의 사소한 만남이나 즐길 거리를 줄이기 시작했습니다. 생계유지를 위한 최소한의 비용만을 아르바이트로 벌었고, 깊은 대화를 할 수 있는 몇몇 친구를 제외하고는 거의 사람을 만나지 않았습니다. 세상과의 단절이 아니라, 세상을 배우기 위해 당분간의 침묵과 고독을 선택한 거죠. 그렇게 저는 약 3년간 스스로와의 싸움을 시작했습니다.

독서가 월 500만 원을 벌게 해주다

"네가 아무리 위대해도 비출 상대가 없으면 위대하겠는가?" 니체의 책을 읽고 '돈을 벌어야겠다' 생각했습니다. 3년의 공백기를 가지고 나니 월 500만 원을 벌 수 있는 사람이 되었습니다.

─────── 8시간 동안 1페이지를 읽어본 결과

3년이 넘는 시간 동안, 저는 매일같이 거의 모든 시간을 독서와 스피치 연구에 몰두하며 보냈습니다. 밖에서 보기에는 무척 이상해 보였을 겁니다. 주변 친구들은 커리어를 쌓거나 대학교에서 다양한 활동을 하며 시간표를 채우고 있었으니까요. 하지만 저는 이 시간을 하늘이 준 소중한 기회라고 생각했습니다. 단순한 학문적 지식을 채우는 것과는 달리, 저는 독서를 통해 세상을 이해하고, 성공에 가까이 가고 있다는 걸 알았습니다.

돈을 벌기 위해서는 세상의 메커니즘을 알아야 한다고 생각했습니다. 세상이 돌아가는 다양한 원리와 가치에 대해 이해하는 게 중요했습니다. 그래서 처음에는 닥치는 대로 읽기 시작했습니다. 철학, 역사, 정치, 문학, 과학, 종교, 경영, 마케팅, 자기계발 등 분야를 가리지 않았습니다.

독서의 난이도도 천차만별이었습니다. 쉬운 책은 하루 만에 다 읽기도 했고, 임마누엘 칸트의 『순수이성비판』 같은 책은 하루에 한 페이지도 나아가지 못하는 날이 많았습니다. 이 책을 읽을 때는 머리를 혹사당하는 느낌이 들기도 했습니다. 단순히 읽는다고 이해할 수 있는 내용이 아니었고, 제가 모르는 개념이 얼마나 많은지 깨닫게 되었습니다. 한 번은 머릿속이 과부하된 상태가 지속되어 아주 단순한 계산도 어렵게 느껴질 정도였습니다. "2+3은 얼마야?" 하고 물으면 멍한 상태로 한참을 고민한 후에야 겨우 "5지!"라고 답했던 기억이 납니다. 사람의 뇌도 너무 많이 써버리면 이렇게 과부하 상태에 빠질 수 있다는 걸 몸소 경험했습니다.

이런 날이 반복되니 가끔 '과연 이렇게 독서하며 공부하는 게 옳은 길일까?' 하는 의문도 들었지만, 독서가 주는 만족감과 깨달음은 말로 표현할 수 없을 만큼 깊었습니다. 독서로 세상에 대한 새로운 통찰을 얻게 되는 순간순간마다 '이래서 수많은 사람들이 공부에 매진했구나, 학문에 일생을 바쳤구나' 하는 공감을 했습니다.

독서는 단순한 정보 수집이 아니었습니다. 책을 통해 얻은 지식은 단순히 머릿속에 쌓여 있는 게 아니라, 제 삶에 적용되고 있었습니다. 이렇게 모은 지식들은 제 내면에서 지혜로 변했고, 세상을 바라보는 저만의 관점을 형성했습니다.

이전에는 한 사건이나 이슈를 단순하게 받아들였다면, 이제는 그 이면을 이해할 수 있었습니다. 하나의 사건도 여러 측면에서 분석해볼 수 있는 능력이 생겼습니다. 예전 같았으면 그냥 지나쳤을 일도, 책에서 배운 다양한 관점을 통해 여러 각도로 생각해볼 수 있었습니다. 특히 철학 서적들을 읽으면서는, 단순한 문제를 뛰어넘어 인생에 대한 깊은 질문을 스스로에게 던지게 되었고, 과학 서적에서는 인류와 자연의 관계를 더 넓게 이해할 수 있었습니다.

이 과정에서 느낀 점은, 지식을 얻는 일은 곧 자신을 넓히는 일이라는 것입니다. 지식은 단순히 머릿속을 채우는 것이 아니라 삶의 일부가 되어가는 지혜였습니다. 이로 인해 예전보다 좀 더 세상을 넓게, 깊게 바라보게 되었고, 다양한 삶의 경험들을 간접적으로나마 체험할 수 있었습니다.

3년 정도 공부를 하고 있던 어느 날이었습니다. 길을 걷다 저의 인생책 중 하나였던 니체의 『차라투스트라는 이렇게 말했다』의 한 구간이 떠올랐습니다. "위대한 태양이여, 네가 아무리 위대하다고 하더라도 비출 상대가 없으면 위대하겠는가… 나 차라투스트라는 지혜를 너무 많이 모았다… 나 이제 인간들에게 돌아가려 한다… 그렇게 차라투스트라의 몰락은 시작되었다."

그 순간 저도 모르게 발걸음을 멈추고 말았습니다. 그저 걸음을 멈춘 것이 아니라, 저 깊은 내면으로 한 걸음 더 들어가며 생각에 잠겼습니다. 한참을 서서 이 말을 되뇌었습니다. 차라투스트라가 가졌던 지혜를 짊어진 채 인간 세상으로 돌아가려 했던 그 모습이 어딘가 제 자신과 겹쳐 보였습니다.

나도 그동안 쌓아온 이 많은 지식과 깨달음들을 어디론가, 무언가에 사용해 보고 싶다는 생각이 들었습니다. 그 순간, 마치 모든 것이 명확해진 듯 혼잣말로 외쳤습니다. "그래, 이제 돈을 벌 때가 되었다." 단순한 결심이 아닌, 마음 깊은 곳에서 울려 나오는 다짐이었죠.

바로 그날, 오랫동안 손에 쥐고 읽던 책을 잠시 덮어 두었습니다. 이제는 독서로 쌓아온 지혜와 지식을 실제 세상에 적용해보고 싶었습니다. 궁금했습니다. '내가 지금까지 했던 공부들이 헛된 것은 아니었을까?' 혹은 '내가 정말로 이 지식으로 몸값을 올리고 삶을 더 발전시킬 수 있을까?' 하는 의문이 꼬리에 꼬리를 물었습니다.

그 다음 날, 늘 만나던 친구와 쌀국수 집에 가서 식사를 하던 중에 자연스럽게 저의 결심을 이야기하게 되었습니다. "나 이제 돈을 벌려고 해"라는 저의 말을 듣고 친구는 "그래?" 하며 담담하고 짧게 답했습니다. 친구에게는 그저 별로 흥미롭지 않은 이야기로 들렸던 것 같았습니다. 저는 더 나아가 다짐을 구체적으로 전했습니다. "우선 500만 원 정도를 버는 게 목표야." 친구는 가볍게 고개를 끄덕이며 "좋은 생각이네"라고 말했지만, 그의 눈빛에서는 진정으로 믿지 않는 듯한 기색이 보였습니다. 그 순간의 반응에 흔들리기보다는, 오히려 제 내면에서 더 강한 확신이 자라났습니다. '분명히 될 거야'라는 이상한 자신감이 제 안에 깊이 자리 잡고 있었습니다.

집으로 돌아온 후, 제 다짐을 조금 더 구체적으로 정리하기로 했습니다. 500만 원이라는 목표가 상징적으로 큰 금액은 아니었지만, 저에게는 시작의 의미가 있었습니다. 그동안 쌓아온 지식과 지혜를 현실에서 실험해보는 도전이었고, 학문과 이론을 넘어 실질적인 가치를 창출할 수 있을지에 대한 첫 시험대였습니다.

구독자 15만,
연봉 2억 이상을 만들다

독서는 인류 역사상 모든 성공한 사람들의 숨겨진 열쇠였습니다. 독서를 한다는 것은 그 열쇠를 손에 쥐는 것과 같습니다. 여러분도 그 열쇠를 얻고, 자신의 인생을 바꿀 수 있습니다.

월 500만 원을 벌 능력이 되었다

이전에 이미 유튜브를 시작해서 구독자가 아주 조금은 쌓인 상황이었습니다. 스피치에 관한 콘텐츠를 틈틈이 올렸었기에 구독자들 중 저에게 강의를 열어달라는 분들이 있었습니다. 그래서 '언젠가 준비가 되면 강의를 열어야겠다' 생각해왔습니다. 이제 그 생각을 실천할 때가 온 것입니다. 떨리는 마음으로 안내문을 만들고 영상을 업로드했습니다.

처음에는 자신이 있었지만 계속 의심이 들었습니다. '진짜 사람들이 올까? 내가 너무 이상적인 생각을 가지고 있었나?'라며 부정적인 생각이 스멀스멀 올라왔죠. 그러다 알람이 왔습니다. 내용을 확인해봤습니다. "수강 신청합니다."

주먹을 꽉 쥐고 환호를 지르며 기뻐했습니다. 그때부터 다시 마음을 다잡았습니다. 저에게는 3년이란 기간 동안 훈련해온 통찰력과 강의안이 있었습니다. 분명 예전과 달랐습니다. 자신 있었습니다. '내가 가지고 있는 걸 수강생들에게 모두 쏟아내주면 불만족하진 않을 거야'라는 생각이 들었습니다. 그렇게 한 사람씩 수강 신청을 하더니 정원 30명을 모두 채웠습니다. 떨림은 설렘으로 바뀌었습니다. '좋아, 보여주자'라며 경기장에 입장하는 선수처럼 결기를 다졌습니다.

드디어 수업이 시작되었습니다. 한 수업당 15명이 들었습니다. 스피치는 개인의 특징을 살펴봐야 하다 보니 15명은 분명 많은 인원이었습니다. 하지만 자신 있었습니다. 와주신 분들에게 누를 끼치지 않을 것이라 확신했습니다. 그동안 쌓아온 지식과 경험, 그리고 독서로 얻은 내공을 바탕으로 수업을 이끌어갔습니다. 강의를 진행하면서 제 자신이 예전과는 완전히 달라졌다는 것을 바로 느낄 수 있었습니다. 수강생들의 눈빛이 확연히 달라진 걸 볼 수 있었기 때문입니다. 이전에는 강의를 들으면서 의구심을 가진 표정으로 바라보는 분들이 많았습니다. 그러나 이번에는 달랐습니다. 저를 전적으로 신뢰하고 있고, 전달하는 모든 내용을 흡수하려는 듯 집중하는 눈빛, 그리고 그들의 의지가 강하게 느껴졌습니다.

이제야 청중과 호흡하는 것이 가장 좋은 스피치 방식이라는 것을 실감했습니다. 그러니 자신감이 붙었고 저는 더욱 걸림 없이 제가 가진 모든 정보를 전달했습니다.

신기했습니다. 사람들의 문제점이 명확하게 보이기 시작했습니다. 그리고 각자의 문제를 이해하며 본인에게 맞는 해결책을 제시해주고 있는 제 모습을 발견했습니다. 개인의 상황에 따라 맞춤형 코칭을 해주니, 수강생들이 훨씬 더 만족한다는 것을 실감했습니다.

질의응답도 달라졌습니다. 예전에는 수강생들이 질문을 던질 때마다 불안했습니다. 질문에 답변을 하면서도 '이게 맞나? 내가 팩트를 전달하고 있는 건가?' 하는 생각이 계속 머릿속을 맴돌았기 때문입니다. 그러다 보니 당연히 자신감이 흔들리기 일쑤였습니다. 강의가 끝날 때가 가장 힘들었습니다. 내가 정말 제대로 답변을 했는지, 잘 알지도 못하는 내용을 떠들어낸 건 아닌지 하는 생각에 스스로 위축되고는 했습니다.

하지만 이제는 완전히 달라졌습니다. 더 이상 질의응답 시간이 두렵거나 부담스러운 순간이 아니었습니다. 오히려 제가 가진 지식을 더 깊이 나눌 수 있는 기회로 느껴졌습니다. 그동안 쌓은 지식과 경험이 제 안에 깊이 자리 잡고 있으니, 자신감이 생겨났습니다. 사람들의 질문이 들어올 때마다, 저의 머릿속에는 그에 대한 답변이 명확하게 정리되었습니다. 그리고 답변을 전달하는 데 있어서도 망설임이 현저히 줄었습니다.

무엇보다 가장 즐거웠던 건 이제는 내가 가지고 있는 정보에 대해 확신이 들기 시작했다는 점입니다. 그리고 그 확신은 단순히 지식의 전달에 그치는 것이 아니었습니다. 감동을 줄 수 있게 되었습니다. 말에 담긴 에너지로 사람들에게 영감을 주고 동기부여하기 시작했습니다. 그러다 보니 수강생들은 저와의 문답을 즐거워했고, 그들은 더 큰 신뢰감과 열정으로 수업에 임했습니다.

_____ 사람들이 보고 싶어 하는 콘텐츠를 제작하다

3년 동안 쌓은 독서의 지혜는 콘텐츠 제작에도 거대한 영향을 미쳤습니다. 저는 자기계발과 마케팅 서적을 읽는 것도 좋아했습니다. 모든 분야의 책의 근본은 '사람의 마음을 읽어내는 능력'이라는 걸 알게 되어서 분야의 경계가 사라졌거든요. 예전에는 '자기계발 서적을 왜 읽어. 자기 자랑하는 사람들이잖아'던가, '나 마케팅 되게 잘 할 것 같은데'라는 생각을 하며 책을 거들떠도 안 봤습니다. 지금 생각하면 지독한 오만이었죠.

독서를 통해 콘텐츠 제작에 대한 관점이 완전히 변했습니다. 예전에는 단순히 '내가 좋아하는 콘텐츠를 만들겠다'는 마음으로만 제작했지만, 이제는 '사람들이 어떤 주제를 듣고 싶어 할까? 어떤 콘텐츠가 그들에게 뜨거운 열정과 삶의 동기부여를 줄 수 있을까?'라는 고민을 중심에 두고 제작하게 되었습니다. 저는 이걸 독단적인 '이기심'에서 생산적인 '이타심'으로의 전환이라고 생각합니다. 성공하는 콘텐츠의 본질은 내가 좋아하는 것만 하려는 이기심에서 만들어지는 게 아니라, 남이 잘 될 수 있도록 돕는 이타심이라는 것을 깨달은 겁니다.

대중의 결과가 증명했습니다. 저만 관심을 가지고, 내가 가진 걸 자랑하려고 만들었던 콘텐츠는 조회수가 낮았습니다. 무척 많은 시간을 들여 만들었는데도 관심을 받지 못했습니다. 일주일 동안 결과를 지켜봤는데 조회수가 최대 1천 회 수준이었습니다. 그럴 때마다 콘텐츠를 잘못 만든 것에 대해 분석하고 반성하는 게 아니라 '왜 그러지? 알고리즘 법칙이 있다고 하던데, 내 계정의 알고리즘이 이미 망가져 있어서 안 되는 게 아닐까?'라며 탓하기 바빴습니다.

그러다 생각이 바뀌고 사람들에게 필요한 것을 생각해 만든 콘텐츠는 조회수와 관심도가 확연히 달랐습니다. 먼저 시도한 건 사람들이 관심을 가질 만한 콘텐츠로 '유명한 배우들의 말하기'를 분석한 영상이었습니다. 그들의 발성, 억양, 스피치 기법 등을 소개하는 콘텐츠를 올렸습니다. 반응은 폭발적이었습니다. 한 대형 커뮤니티에서 저의 영상에 관심을 가졌습니다. '스피치 강사가 분석한 배우 분석'이라는 제목으로 어떤 분이 글을 올리셨습니다. '혹시 욕이 많지 않을까?' 겁을 내며 들어간 것이 무색할 정도로 반응이 무척 뜨겁고 다들 흥미로워했습니다. 그 커뮤니티 내에서만 조회수가 4천 회를 기록했고, 일주일 만에 유튜브 조회수는 1만 회가 되었습니다. 그리고 순식간에 구독자가 몇 백 명씩 늘어나는 걸 목격했습니다. '와 대박이다!' 이 말이 절로 나왔습니다.

이후에 윤동주 시인의 작품을 낭독한 것도 큰 사랑을 받았습니다. 이전에는 저에게만 뜨겁게 영감을 줬던 글로만 영상을 올렸는데, 이제는 '사람들이 듣고 싶어 할 만한 시가 뭘까?'라는 생각이 들었습니다. 그래서 선택하게 된 것이 윤동주 선생님이었습니다. 사람들에게 잘 전달하고 싶어서 자세히 읽다 보니 이전에는 보이지 않던 무언가가 제 안으로 스며들기 시작했습니다.

눈물이 났습니다. '윤동주 시인은 얼마나 힘들었을까?' 이제서야 그의 마음이 십분 이해갔습니다. '그는 떳떳하게 살고 싶었던 청년이었구나.' 학교를 다니며 숱하게 들었던 윤동주 시와는 다른 작품이었습니다. 그의 시는 문학적인 분석을 한다고 해서 제대로 읽었다고 할 수 있는 것이 아니라, 그에게 진정으로 다가가야 제대로 읽을 수 있다는 걸 알게 되었습니다.

독서를 통해 쌓아온 지식과 통찰력은 제 콘텐츠의 질을 크게 향상시켰고, 그로 인해 더 많은 사람들이 저의 유튜브 채널에 관심을 가지게 되었습니다. 이는 단순히 조회수와 구독자수의 증가로만 나타나는 것이 아니라, 제 콘텐츠를 통해 사람들이 긍정적인 영향을 받고 있다는 확신으로 이어졌습니다. 이 모든 것은 독서가 가져다준 큰 선물이었습니다.

———   독서가 열쇠다

독서의 가장 큰 효과는 '머신러닝'입니다. 자동으로 계속 능력이 향상되는 걸 말하죠. 똑같은 24시간을 살아가지만 나날이 성장합니다. 관점이 달라지기 때문입니다. 이전에는 볼 수 없던 걸 보게 되고, 듣지 못하던 걸 듣게 됩니다. 숨은 가치를 발견하는 능력을 갖게 됩니다. 시간이 지날수록 저의 강의와 콘텐츠의 수준은 이전과 비교할 수 없을 정도로 도약했습니다.

조회수 1천 회를 넘기기 힘들었던 제가, 이제는 유튜브 구독자 15만 명을 보유한 채널을 운영하게 되었습니다. 한때 월 50만 원으로 겨우 생계를 이어가던 제가, 지금은 강의를 통해 월 3천만 원 이상의 수익을 창출할 수 있는 사람이 되었습니다.

독서 덕분이었습니다. 독서를 통해 쌓아온 지식은 제 강의의 품질을 높여주었고, 그로 인해 더 많은 사람들이 제 강의를 찾게 되었습니다. 이는 자연스럽게 수익의 증가로 이어졌고, 저에게는 독서가 경제적 성공에도 큰 영향을 미친다는 사실을 깨닫게 되는 중요한 경험이 되었습니다. 이 이야기를 하는 이유는 제 자랑을 하고자 함이 아닙니다. 독서가 인생을 바꾸는 힘을 여러분과 나누기 위함입니다.

독서는 인류 역사상 모든 성공한 사람들, 지배계급이 가지고 있던 숨겨진 열쇠였습니다. 독서를 한다는 것은 그 열쇠를 손에 쥐는 것과 같습니다. 그 열쇠는 우리의 지식과 통찰력을 열어주며, 더 나은 선택과 성장을 가능하게 합니다. 그래서 제가 말하고 싶은 것은, 여러분도 충분히 할 수 있다는 것입니다. 독서를 통해 여러분도 그 열쇠를 얻고, 자신의 인생을 바꿀 수 있습니다.

CHAPTER 2

몸값을 올리는 독서에는
숨은 공식이 있다

공식을 바꿔
다른 답을 찾는 법

"같은 공식으로 다른 답을 원하면 그건 미친 짓이다." 아인슈타인의 이 유명한 말은 우리에게 중요한 메시지를 전달합니다. 우리는 종종 같은 문제를 반복해서 경험하면서도 같은 방식으로 그 문제를 해결하려고 합니다. 결과는 늘 같고, 그 반복 속에서 우리는 점점 지쳐갑니다. 그런데 여기서 흥미로운 점은, 우리가 문제를 풀어내는 패턴을 바꾸는 순간 상황이 전혀 다른 방향으로 흘러간다는 것입니다.

사람들에게 "7×8은 얼마인가요?"라고 물으면 대부분 아주 짧은 시간 안에 "56"이라고 대답할 것입니다. 이는 마치 본능처럼 빠르고 정확하게 나오는 대답입니다. 하지만 곱셈을 배우기 전, 우리는 아마 손가락을 이용하거나 사물을 하나씩 세어가며 답을 구했을 것입니다. 그러나 우리는 곱셈이라는 공식을 깨닫고 나서, 이를 통해 문제를 이전보다 더 빠르고 효율적으로 풀게 되었습니다.

우리는 다양한 상황에서 이 원리를 적용하며 더 나은 결과를 얻는 법을 배웠습니다. 겉으로 보기에는 우리의 삶이 무수히 다양한 일들로 이루어져 있는 것만 같습니다. 하지만 조금만 깊이 들여다보면, 우리는 사실 패턴의 연속 선상에서 살아가고 있다는 것을 알게 됩니다. 성공에는 분명한 패턴이 존재합니다. 그리고 그 패턴을 깨닫고 이를 자신의 삶에 적용할 수 있는 사람이 결국 더 큰 성과를 이루게 됩니다.

성공한 사람들에게는 공통된 특징이 있습니다. 그들 대부분은 '독서를 한다'는 점입니다. 또한 그들은 단순히 책을 읽는 데 그치지 않고, 더 거대한 사고방식을 가지려고 노력합니다. 이런 사람들은 독서를 통해 자신이 가진 문제를 새로운 방식으로 바라보는 법을 배우고, 문제를 해결할 수 있는 도구를 얻습니다. 독서는 단순히 정보를 얻는 행위가 아닙니다. 독서는 우리의 사고방식을 확장하고, 새로운 패턴을 깨닫게 하는 강력한 도구입니다. 이를 통해 우리는 기존의 틀에 갇히지 않고, 새로운 시각에서 문제를 바라보는 법을 배우게 됩니다.

이번 장에서는 독서가 어떻게 우리의 몸값을 올릴 수 있는지, 그리고 그 과정에서 우리가 깨달아야 할 성공의 패턴이 무엇인지에 대해 이야기할 것입니다. 책은 우리에게 단순히 지식을 제공하는 도구가 아닙니다. 책은 우리가 새로운 방식으로 생각하고, 기존의 문제를 새로운 시각에서 바라볼 수 있도록 돕는 강력한 도구입니다. 독서를 통해 우리는 단순히 정보를 얻는 것을 넘어, 삶을 변화시킬 수 있는 구체적인 방법을 배우게 됩니다. 그리고 그 변화는 단순히 개인적인 성장에 그치지 않습니다. 독서를 통해 얻은 통찰은 우리가 일하는 방식, 사람들과의 관계, 그리고 더 나아가 사회에 기여하는 방식에도 영향을 미칩니다. 이번 장에서 우리가 가진 가장 좋은 잠재된 패턴을 찾아봅시다.

정보 찾기:
내게 가장 필요한 책부터 찾자

정보의 질과 양은 권력을 만듭니다. 지배층은 정보를 독점하여 권력을 유지했습니다. 독서는 권력을 쌓는 도구입니다. 지배층의 정보를 가장 빠르고 정확하게 얻는 방법이 독서입니다.

정보는 권력이다

독서는 몸값을 높입니다. 정보의 질과 양은 권력을 만듭니다. 인류 역사를 보면, 지배층이 자신들의 자리를 지키기 위해 가장 오랫동안 써왔던 것이 문맹을 유지시키는 것이었습니다. 고대 문명을 보더라도 글자를 읽고 쓸 줄 아는 것은 지배층의 전유물이었습니다. 엘리트, 귀족, 사제들만 정보를 독점하고 있었죠. 대부분의 사람은 문맹이었습니다. '글을 읽을 수 있느냐 없느냐'의 차이가 삶의 질을 결정했고, 신분을 결정했습니다. 정보를 독점한 쪽은 시스템을 만들고, 정보를 얻지 못하는 사람은 그 시스템에 종속되었습니다. 이로 인해 극도로 심한 빈부격차와 계층격차를 만들었죠.

1450년대 구텐베르크의 인쇄술 발명은 인류 역사에서 가장 중요한 순간 중 하나로 손꼽힙니다. 인쇄술의 발전은 세상의 흐름을 바꿨습니다. 소수가 독점하던 정보를 대중도 소유할 수 있게 되었습니다. 사상, 물질, 체계적으로 혁명이 일어납니다. 사회 전반의 구조가 변했습니다. 1천 년이 넘는 중세시대를 끝낸 가장 결정적인 원인을 구텐베르크의 인쇄술로 꼽는 사람들도 있을 정도입니다.

이처럼 정보는 권력입니다. 정보를 얻는다는 그 행위 하나만으로도 사회 구조 자체가 변하게 만들 정도의 큰 힘을 가지고 있습니다. 그리고 그 정보를 가장 효율적으로 습득할 수 있는 방법이 바로 독서입니다. 독서를 통해 우리는 세상에 대한 이해를 확장하고, 자신의 가치를 높일 수 있는 수단을 얻습니다.

정보를 잘 얻기 위해서는, 잘 찾는 것부터 해야 합니다. '나에게 필요한 책을 고르는 능력'이야말로 성공적인 독서의 출발점입니다. 이번에는 나에게 맞는 책을 찾는 방법에 대한 구체적인 노하우를 여기서 공유해보겠습니다.

_____ 온오프라인 서점에서 책의 카테고리를 찾아보자

책을 선택할 때 가장 먼저 해야 할 일은 서점에서 카테고리를 파악하는 것입니다. 온라인이든 오프라인이든 서점은 책을 체계적으로 분류해놓고 있습니다. 소설, 에세이, 인문, 경제 경영, 자기계발, 정치 사회, 종교, 예술, 외국어, 과학, 잡지, 교재 등 다양한 카테고리가 존재합니다.

그리고 각 카테고리 안에는 세분화된 하위 카테고리가 존재합니다. 예를 들어 소설 카테고리 안에서는 한국 소설, 영미 소설, 일본 소설 등으로 세분화됩니다. 이처럼 책의 카테고리와 하위 장르를 파악하는 것이 중요합니다.

예를 들어 제가 처음 독서를 시작할 때 박경리의 『토지』를 추천받은 적이 있습니다. 이 책을 읽으면 글쓰기 실력이 늘 것이라는 이야기를 들었기 때문입니다. 그러나 당시의 저는 빠르고 기술적으로 지식을 습득하고 싶었고, 느리고 깊이 있는 서사를 읽는 것이 목표와 맞지 않았습니다.

이처럼 책의 장르와 스타일을 미리 파악하는 것은 매우 중요합니다. 각 장르는 고유의 문체와 분위기를 가지고 있으며, 자신이 어떤 스타일의 책을 선호하는지 알면 더 쉽게 책을 선택할 수 있습니다.

서점에 직접 가서 책을 읽어보는 경험은 매우 도움이 됩니다. 오프라인 서점에서는 책을 직접 만져보고 내용을 읽어볼 수 있습니다. 온라인 서점에서도 미리보기 기능을 통해 책의 일부를 확인할 수 있습니다. 하지만 초보자라면 오프라인 서점을 방문해보는 것을 추천합니다. 대형 서점에 가서 다양한 책들을 눈으로 확인하고, 그 안에서 책을 고르는 과정을 통해 독서에 대한 흥미를 키워나갈 수 있습니다.

_____ 대중에게 인기가 있는 사람의 책을 고르자

대중적으로 유명한 사람이 쓴 책을 읽는 것도 좋은 출발점입니다. 유명한 강사, 전문가, 상담가의 책은 대중의 관심을 끌 수 있는 방법을 알고 있으며, 그들의 책은 대부분 쉽고 친절하게 구성되어 있습니다. 이는 독서 초보자에게 매우 유용한 장점입니다. 처음 독서를 시작할 때 너무 어려운 책을 고르면 금세 흥미를 잃을 수 있습니다.

또한 요즘의 유명인들은 오랜 시간 동안 자신의 분야에서 활동하며 전문성을 쌓은 경우가 많습니다. 그들의 책은 오랜 경험과 지식이 담겨 있어 그 깊이가 깊으면서도 초보자에게도 쉽게 이해됩니다. 이처럼 대중의 사랑을 받는 책을 선택하는 것은 독서를 쉽게 시작하는 방법 중 하나입니다.

<hr>

스테디셀러보다 베스트셀러 먼저

책을 선택할 때 베스트셀러부터 시작하는 것이 좋습니다. 베스트셀러는 많이 팔린 책을 의미하며, 그만큼 대중의 눈높이에 맞춰 쓰인 책일 확률이 높습니다. 특히 독서 초보자에게는 쉽고 친절하게 쓰인 책을 선택하는 것이 중요합니다. 베스트셀러는 대부분 현 시점의 트렌드를 반영하고 있어 시장의 흐름을 읽는 데도 도움이 됩니다.

예전에는 마케팅 분야에서 네이버 블로그 관련 책이 참 많았습니다. 지금은 예전에 비해 관련 책이 줄어든 듯합니다. 이후 한동안은 페이스북 마케팅 붐이 일었습니다. 그러더니 이제는 스마트 스토어와 인스타그램 등 다른 마케팅 채널의 책들이 많은 관심을 받고 있습니다. 이처럼 출판사는 대중의 니즈를 사로잡기 위해서 현재 대중이 가장 열망하는 분야의 책들을 내놓습니다. 그러므로 독서는 트렌드를 읽기에 아주 유용한 도구입니다.

저는 스테디셀러를 좋아합니다. 스테디셀러란 오랜 기간 동안 꾸준히 사랑받은 책을 말하죠. 책을 처음 읽는 사람들에게는 스테디셀러보다 베스트셀러를 추천합니다. 왜냐하면 이 책들은 고전적이고 깊이 있는 내용을 다룬 경우가 많습니다. 잠시 지나가는 트렌드보다 변하지 않는 본질을 건드리는 책들이 많기 때문에 처음 읽는 사람에게는 무겁게 느껴질 수 있습니다. 책이 잘 안 읽힐 수 있습니다.

예를 들어 과학 도서의 베스트셀러를 보면 대중적으로 유명한 교수 및 강사의 책들이 있습니다. 그분들의 책은 일반 대중도 쉽고 흥미롭게 읽을 수 있도록 디자인부터 구성까지 쉽고 깔끔하게 잘 제작했습니다. 반면 스테디셀러군을 보면 칼 세이건의 『코스모스』, 리처드 도킨스의 『이기적 유전자』 같은 책이 보입니다. 이 책들은 학부생들이 읽어야 할 수준의 내용을 다루고 있습니다. 비교적 어휘도 어렵고, 분량도 많습니다.

이런 이유로 인해 저는 스테디셀러보다 베스트셀러부터 읽어 나가기를 권장합니다. 더 가볍고 부담 없이 책을 읽어 나가 흥미를 이끄는 것부터 시작하는 게 좋습니다. 그러면 점점 지적 호기심이 팽창하게 되고, 때가 되면 어려운 스테디셀러도 읽는 시점이 반드시 찾아옵니다. 그때까지는 독서의 기초 체력을 쌓으면 좋습니다.

제가 생각보다 많은 도움을 받았던 방법입니다. 인터넷에 자신이
관심 있는 분야의 필독서를 검색하는 겁니다.

　예를 들어 마케팅에 관심 있는 사람이라면 '마케팅 필독서'를
검색해봅니다. 그러면 이미 많은 독서를 한 사람들의 노하우가
담긴 추천 리스트가 나옵니다. 사람들마다 다양한 책을 추천하지
만, 그중에서도 공통적으로 언급되는 책이 있습니다. 그런 도서
를 우선적으로 선택하면 됩니다. 필독서 중에서도 많은 사람들에
게 추천되고 있다면 핵심이 많이 담긴 책이라고 볼 수 있습니다.
저도 이 방법으로 많은 도움을 받았습니다.

_____   목차의 양과 구조 파악하기

책은 보통 '제목 〉부제 〉대목차 〉소목차' 형태로 구성되어 있
습니다. 물론 작품마다 다르지만, 목차의 양을 보면 대략 그 책의
난이도를 짐작할 수 있습니다.

　일반적으로 쉽게 쓰인 베스트셀러들은 목차가 많습니다. 특히
소목차의 분량이 더 많습니다. 한 목차에 너무 긴 글을 담으면 일

반 독자들에게 다소 어렵게 느껴질 수 있기 때문입니다. 어렵고 긴 책은 한 소목차당 몇십 페이지가 넘는 경우도 있습니다.

반면에 읽기 쉬운 대중서적은 한 소목차가 보통 3~4페이지 정도의 분량입니다. 그러니 소목차의 양이 많은 책부터 시작하면 독서를 시작하기에 훨씬 수월할 것입니다.

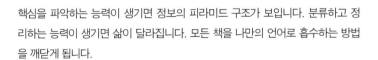

해부하기:
책의 구조를 파악한다

핵심을 파악하는 능력이 생기면 정보의 피라미드 구조가 보입니다. 분류하고 정리하는 능력이 생기면 삶이 달라집니다. 모든 책을 나만의 언어로 흡수하는 방법을 깨닫게 됩니다.

더 크게 스캔하자

오랫동안 독서를 해도 효과적으로 읽지 못하는 분들이 있습니다. 똑같은 시간을 투자해도, 누군가는 더 큰 가치를 얻는 반면, 누군가는 제자리걸음을 합니다.

책을 자주 읽으면 자연스럽게 독해력이 높아집니다. 그러나 계속 독서를 해도 발전이 더딘 분들이 있습니다. 그런 분들은 대부분 스캔하기를 하지 못해 그런 경우가 많습니다.

독서를 처음 시작하는 대부분의 사람들은 한 글자씩 또박또박 읽어 나가는 방식에 익숙합니다. 책을 읽을 때 한 글자씩 쫓아가며 읽죠. 이런 방식은 처음에는 어쩔 수 없지만, 지속적으로 이렇게 읽다 보면 독서력을 향상시키는 데 어려움을 겪게 될 것입니다. 피로가 쌓이게 됩니다. 책을 읽어도 발전하는 느낌이 들지 않다 보니, 결국 흥미가 떨어지게 됩니다.

따라서 독서 효율을 높이기 위한 방법을 연구해야 합니다. 앞으로 독서의 기초체력을 키우기 위해 추천 드리는 방법은 바로 '더 크게 스캔하기'입니다.

'스캔하기'란 글자를 읽어내는 범위를 의미합니다. 만약 어떤 글을 한 글자씩 또박또박 읽는다면, 이는 스캔 범위가 좁은 것입니다. 반면 더 많은 글자를 한 번에 읽어낼 수 있다면, 그것은 스캔 범위가 넓은 것이라고 할 수 있습니다.

더 크게 스캔하는 방법을 연구하는 것은 단순히 독서 속도를 높이는 데 그치지 않습니다. 이 방법을 통해 문장 간의 연결성이 향상되고, 특히 해석 능력이 높아집니다. 단어와 단어, 문장과 문장을 더 빠르고 유기적으로 연결하는 능력이 생기면서, 같은 글을 읽더라도 훨씬 더 효과적인 성장을 이끌어낼 수 있습니다.

이해를 돕기 위해 스캔하기의 여러 유형을 예시로 들어 설명하겠습니다. 숙련도에 따라 스캔 방식이 어떻게 달라지는지 윤동주 시인의 〈별 헤는 밤〉 중에서 '계절이 지나가는 하늘에는 가을로 가득 차 있습니다.'라는 구절을 예시로 들어보겠습니다.

첫 번째 유형은 '글자 수준으로 읽기'입니다. 책을 자주 읽지 않아 독해력이 낮은 사람은 "계, 절, 이, 지, 나, 가, 는…" 이런 식으로 한 글자씩 읽어 나가며 문장을 해석합니다. 이렇게 읽으면 앞서 말했듯이 글을 해석하는 데 많은 에너지를 쓰게 되고, 그로 인해 뇌의 피로도가 증가합니다. 시간도 오래 걸리고 이해도도 낮아지니, 결국 흥미가 떨어지게 됩니다.

두 번째 유형은 '단어 수준으로 읽기'입니다. 이들은 이렇게 읽습니다. "계절이, 지나가는, 하늘에는, 가을로, 가득 차, 있습니다." 즉 첫 번째 유형과 달리 글을 2~4글자 단위로 스캔하죠. 스캔 범위가 넓어졌기 때문에 이때부터 속도가 붙습니다. 이 과정을 통해 독해력이 향상되고 있음을 느낄 수 있습니다. 글을 이해하는 과정이 더 발전한 상태입니다. 단어 수준으로 스캔이 가능하다는 것은 본인의 어휘력과 개념이 높아졌다는 증거이기도 합니다.

세 번째 유형은 '구절 수준으로 읽기'입니다. 이들은 이와 같이 읽습니다. "계절이 지나가는 하늘에는, 가을로 가득 차 있습니다."처럼 더 긴 구절을 한 번에 스캔하며 읽습니다. 구절 수준으로 스캔하는 사람들은 어휘력과 개념이 매우 높을 뿐만 아니라, 각 개념을 조합하는 능력까지도 크게 향상된 상태입니다. 이들은 문맥의 중요성을 이해하고, 인간이 개념을 어떻게 이해하는지에 대한 구조를 깨닫게 됩니다. 인간은 한 글자 수준의 작은 파편들을 쫓아가는 방식으로 이해하는 것이 아니라, 더 큰 조각들을 결합해 점점 더 큰 개념을 이해하는 방식으로 사고를 확장한다는 것을 깨닫게 되는 것이죠.

외국어를 배울 때를 생각해볼 수 있습니다. 모국어와 달리 그 언어에 대한 개념이 부족하기 때문에 우리는 한 글자씩 해석하게 됩니다. 예를 들어 "Where are you from?"이라는 말을 들으면 'where은 어디를 의미하고… are은 be동사였지?' 하며 떠듬떠듬 해석해 나갑니다. 그렇게 하나씩 해석하며 결국 '아, 어디서 왔냐는 뜻이구나' 하고 이해하게 됩니다. 바로 이것이 책을 자주 읽는 것이 중요한 이유입니다. 개념이 부족하면 당연히 해석하는 데 더 오랜 시간이 걸립니다. 반면 영어가 능숙한 사람이라면 "Where are you from?"이라는 말을 듣고 굳이 해석할 시간이 필요 없이, 바로 의미를 이해하고 말이 튀어나오게 될 것입니다.

스캔하기도 이와 비슷합니다. 독서를 자주 하면 개념과 개념을 빠르게 결합해 한 번에 해석하는 능력이 높아집니다. 이런 사람을 보고 우리는 흔히 '머리가 똑똑하다' '창의력과 판단력이 좋다' '해석 능력이 뛰어나다'라는 말을 합니다. 독서를 통해 나의 가치가 향상된다는 말이 괜히 나온 것이 아닙니다.

저는 철학책을 좋아합니다. 많은 철학자의 이름을 알고, 그들이 제시한 철학적 개념들도 잘 압니다. 또한 시대별 역사 사건을 알고 있기 때문에 어렵고 두꺼운 철학책을 주더라도 철학에 관심 없는 사람들보다는 훨씬 빠르게 글을 이해하고 읽어 나갈 수 있습니다.

그런 저에게 의학 서적을 준다면 이야기는 달라집니다. 저는 처음으로 돌아가서 한 글자씩 읽거나 단어 수준으로 읽게 될 것입니다. 의학 용어와 개념이 낯설고 어려워 쉽게 이해하기 어렵기 때문입니다. 하지만 계속 읽다 보면 그분야의 패턴을 파악하게 됩니다. 자주 쓰이는 용어나 개념에 익숙해지면, 더 이상 그것들을 따로 이해하려는 시간을 들이지 않게 되는 것입니다. 그렇게 되면 독해 속도도 자연스럽게 빨라집니다.

책을 읽기만 해도 스캔하기 능력은 자연스럽게 향상됩니다. 그러나 의도적으로 노력하지 않으면 이 능력은 아주 천천히 성장합니다. 그래서 책을 읽을 때 스캔하기의 개념을 염두에 두고 읽으려는 노력이 필요합니다. 다만 독서를 방해하지 않는 범위에서 해야 합니다. 생각날 때마다 수시로 시도해보는 정도만으로도 충분합니다. 그렇게 하면 더 빠른 독서의 추월차선을 탈 수 있을 것입니다.

몸값을 올리는 독서에는 숨은 공식이 있다

펜으로 적어 가며 책을 읽자

독서를 할 때 펜을 준비하세요. 어떤 방식이든 상관없습니다. 펜으로 적어 가며 책을 읽어보는 것을 추천합니다. 밑줄을 그어도 좋고, 중요해 보이는 키워드에 동그라미나 기호를 넣어도 괜찮습니다.

책을 읽다 보면 집중이 안 될 때가 많고, 가끔은 어느 부분을 읽고 있었는지도 잊어버리는 경우가 있죠. 하지만 책을 읽으면서 펜으로 기록하거나 표시하는 것만으로도 독서의 집중력과 효능감이 크게 높아집니다.

저도 처음 책을 읽었을 때는 펜을 들지 않고 그냥 읽었습니다. 하지만 내용을 더 깊이 탐구하고 싶은 욕구가 생기면서 자연스럽게 책을 읽으며 펜을 들기 시작했습니다. 이때부터 흥미로운 변화가 일어났습니다. '책과의 대화'가 비로소 시작된 겁니다. 그 전까지는 단순히 책의 내용을 일방적으로 흡수하는 개념이었습니다. 마치 교수님의 강의를 듣기만 하는 것과 같았죠. 그래서 다소 지루함이 생기기도 했습니다. 일방적인 강의보다는 대화가 더 낫지 않습니까?

책을 읽을 때 펜을 들고 저의 생각을 적어 가기 시작하니, 말 그대로 대화가 이루어지는 기분이었습니다. 저자의 말 중에서 감탄스러운 부분에는 "어떻게 이런 생각을 했을까? 정말 참신하다"라고 적기도 했습니다. 반대로 나의 의견과 다른 내용에는 "나는 그렇게 생각하지 않는다. 이 지점에서는 생각의 차이를 느낀다. 왜냐하면…" 하면서 반론을 펼치기도 했죠. 문장이 너무 아름다워 놓치고 싶지 않을 때는 옆에다 그 문장을 필사하기도 했습니다. 때로는 내 자신에게 건네는 말을 적기도 했죠.

이런 과정이 쌓이면서 자연스럽게 논리 구성과 해석 능력이 향상되었습니다. 생각을 체계적으로 풀어내는 능력이 생기고, 하나의 관점을 여러 방향으로 확장시켜 해석 능력이 비약적으로 발전하는 경험을 했습니다. 그러다 보니 그 뒤로 사람들에게 "상윤 님의 해석은 참 흥미로워요. 어떻게 그런 생각을 하세요?"라는 과찬을 듣기도 했습니다. 지금 와서 돌이켜보면, 책을 읽으며 펜을 끄적였던 그 과정이 저에게 가장 훌륭한 훈련 방법이었다는 생각이 듭니다.

펜을 끄적이는 습관이 익숙해지신 분들에게 다음으로 추천하는 방법이 있습니다. 그것은 형광펜을 사용하는 것입니다. 책을 읽으면서 형광펜으로 내용을 색칠해가며 읽는 방식이죠. 여기서 중요한 포인트는 한 가지 색만 사용하지 않는 것입니다. 최소한 3개에서 5개의 형광펜을 써야 합니다. 이 방법은 저의 독서 능력과 몸값을 향상시키는 데 큰 도움이 되었습니다.

13강 돌칼이 싹트기 지방의 세계 성립

인류 역사가 문자를 포함 반대는 B.C. 11000년 (47~53P)

1. 주제 : 각 대륙의 역사 전개를 비교과거에 비롯한 출발선은 B.C.11000년 경이다.

1) 서론
(1) 세계의 빛깔 지역에서 혼자 생활이 시작된 시기
(2) 화살과 남북아메리카에 사람이 살기 시작한 것으로 지금까지 지금까지 밝혀진 가장 이른 시기
(3) 홍적세 및 최종 빙하기의 말기
(4) 그리고 지질학자들이 현세라고 부르는 시대의 초기 등과 대략 일치

2. 인류 설명 : 인류가 하나의 중으로 수백만 년 걸린 대륙 인류 역사 흐르기

1) 오스트랄로피테쿠스
(1) 등장 — 동물의 역사와 구별되는 인류의 역사 700만년 전
(2) 분류 — 아프리카 유인원 부류 현대의 고릴라, 현대의 침팬지, 현대의 인간으로 분류
(3) 직립자세 — 인류 진화 계통 약 400만년 전에 실질과 직립자세 갖춤
(4) 신체 변화 — 약 250만년 전부터 신체 크기, 키기 앉았은 두뇌 크기 커지기 시작
(5) 석기 사용 — 조잡한 석기 보편적 사용. 대부분 아프리카에 거주

2) 호모에렉투스
(1) 등장 — 처음으로 아프리카 벗어난 인류
  — 자바섬 추정
  — 약 170만년전 추정

3) 호모사피엔스
(1) 등장 — 50만년전쯤 유럽 인류 두개골등 현대인 두개골과 상당히 유사. 모 사피엔스로 분류
(2) 신체 특징 — 두개골 점점 커져 둥글어짐
  — 각 뇌 부분의 줄어듬, 모모 에렉투스 유골로부터 분기
  — 세부적 공격은 현대 인류와 아직 다름
  — 두뇌도 현대 인류보다 작은편
(3) 유물 사용 — 수준 차이는 상황
(4) 불 사용 — 최초로 불 사용

4) 네안데르탈인
(1) 등장 — 50만년전부터 아프리카, 서유라시아, 동아시아와 세부적에 공존 양터쿰
(2) 환경 — 13000년 ~ 40000년 전 유럽과 서아시아 거주
  — 13000년 ~ 40000년 전 유럽과 현대 인류보다 조금 더 큼
(3) 신체 특징 — 두개골 현대 인류보다 조금 더 큼
  — 사후세도, 화장 자료 — 죽은 자를 매장, 환자 돌봄 최초의 인류

3. 불완전 인간

1) 특징
(1) 배 생산 기술 부족 — 오스트레일리아, 남북아메리카의 인류 존재는 없었음
  — 세데나아 생존 불가
(2) 주위 생존 부족

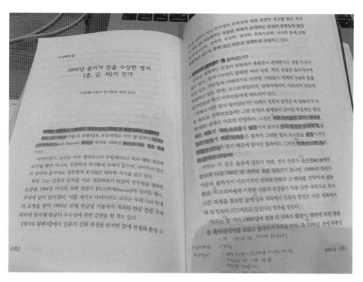

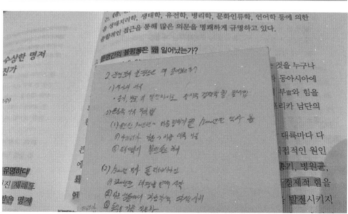

처음으로 책 분류하기를 시도했던 과정의 사진

몸값을 올리는 독서에는 숨은 공식이 있다

제가 독서를 한 지 3년 차 정도 되었을 무렵, 문득 이런 생각이 들었습니다. '내가 책을 제대로 읽고 있는 걸까? 그냥 읽기만 하고 있는 것 아닐까?' 이런 의구심이 생기기 시작한 겁니다. 그럴 법도 한 게, 많은 양의 독서를 했는데도 다시 떠올리려 하면 도무지 기억이 나지 않는 겁니다.

물론 책의 모든 내용을 기억하는 것은 지금도 불가능합니다. 하지만 최소한 책의 핵심 요약 정도는 할 수 있어야 할 텐데, 저에게는 너무 많은 정보가 들어와 그걸 요약할 수가 없었던 것입니다. 그래서 다른 방법을 연구해야 한다는 생각이 들었습니다.

그 무렵, 재레드 다이아몬드 교수의 『총, 균, 쇠』라는 책을 만났습니다. 읽어보신 분들은 아시겠지만, 이 책은 비전공자에게는 상당히 어려운 책입니다. 생소한 개념이 많았고, 특히 논증 방식으로 글을 풀어 가기 때문에 긴 글을 이해하는 데도 큰 에너지가 필요했습니다.

게다가 유명 석학들의 책은 종종 장문이 많고, 한 문장이 길게 이어지는 경우도 많습니다. 그로 인해 해석하는 데 많은 에너지를 쓰면서도, 책의 진도가 나가지 않았습니다.

고민 끝에 저는 핵심을 파악하는 능력을 기르기로 결심했습니다. 그전까지는 모든 내용이 중요하다고 생각하며, 하나하나 빠뜨리지 않고 기억하려고 하다 보니 뇌의 과부하가 생겼던 것이죠. 결국 다 기억할 수 없다는 것을 깨닫고, 핵심을 파악하는 방식을 연구하기 시작했습니다.

여러 시행착오 끝에 다섯 가지 색을 선택하게 되었습니다. 그 색들은 보라, 빨강, 주황, 초록, 노랑이었습니다. 특별한 과학적 이유가 있는 것은 아니었지만, 보라색이 가장 눈에 띄어 가장 중요한 부분을 표시할 색으로 선택했고, 빨강은 보통 중요한 내용을 강조할 때 쓰는 색이므로 두 번째로 사용했습니다. 나머지 색들은 빨강보다 연한 색상을 선택해 나름대로 분류를 하며 활용하게 되었습니다.

색칠을 통해 구조를 나누는 훈련은 정말 탁월한 방법이었습니다. 이 방법을 통해 개념의 크기를 분류하는 법을 알게 되었고, 이는 결국 본질에 다가가는 과정이었습니다. 모든 개념은 피라미드 모양과 같다는 사실을 깨달은 거죠. 피라미드를 떠올려보면, 가장 상층부는 제일 높지만 가로 폭은 좁습니다. 즉 소수라는 의미입니다. 그 아래로 내려갈수록 높이는 낮아지고 가로 폭은 넓어지면서 점점 다수가 됩니다. 개념도 이와 똑같다는 걸 알게 된 겁니다.

방대한 내용 안에서 핵심이라는 것은 생각보다 양이 매우 적습니다. 즉 고밀도로 압축되어 있죠. 만약 핵심이 너무 많다면,

그것은 핵심이 아닙니다. 그래서 가장 중요한 핵심은 짧고 간결할 수밖에 없습니다. 그 위에 있는 것이 대핵심이고, 그 아래에는 중핵심이 있습니다. 이는 대핵심까지는 아니지만 중요한 개념을 말합니다. 중핵심들이 쌓여 대핵심을 이루고, 다시 그 밑으로 내려가면 사소한 내용들까지 뻗어 나가면서 지식의 피라미드가 완성됩니다.

저는 형광펜을 통해 이 구조를 시각적으로 나누는 훈련을 했습니다. 책을 읽으면서 가장 중요한 핵심, 중간 핵심, 그리고 그보다 하위 개념들을 파악하는 능력을 자동으로 훈련하게 된 것입니다. 이 방법을 도입한 후, 독서의 질이 완전히 달라졌습니다. 이전에는 읽히지 않던 내용들이 명확하게 이해되기 시작했습니다.

그때 깨달았습니다. 제가 『총, 균, 쇠』와 같은 책을 어려워했던 이유는, 너무 많은 사소한 내용까지 모두 집중하려고 했기 때문이라는 것을요. 아무리 훌륭한 작가가 쓴 책이라고 해도 그의 모든 내용이 중요하지는 않다는 사실을 알게 되었습니다. 때로는 분량을 채우기 위해 덜 중요한 내용을 작성하는 경우도 있을 겁니다. 그들도 인간이니까요. 결국 이 모든 걸 깨닫고 나서, 독서에 대한 접근 방식이 완전히 바뀌었습니다.

피라미드 구조를 이해하기 가장 쉬운 예시 중 하나가 책의 구조입니다. 책의 제목과 부제는 핵심 중의 핵심입니다. 제목과 부제만 보더라도 그 책의 모든 내용이 압축되어 있습니다. 저의 기준으로 보면 그것은 보라색에 해당합니다. 그 다음에는 보통 목차가 있습니다. 1부, 2부, 3부와 같은 대목차로 구성되어 있는데, 이를 빨간색으로 칠해보겠습니다. 그리고 그 대목차의 하위 개념으로는 1장, 2장, 3장 같은 장들이 있습니다. 이를 주황색으로 나눌 수 있죠. 저는 서문을 굉장히 중요하게 생각하는데, 서문만 잘 읽어도 그 책의 의도를 크게 이해할 수 있습니다. 그래서 서문을 초록색으로 칠해볼 수 있습니다. 마지막으로 나머지 텍스트는 노란색으로 칠해봅니다.

이와 같이 책이라는 거대한 지식의 집합체도 피라미드 구조를 가졌습니다. 여기서 중요한 점을 말씀드리겠습니다. 제가 방금 임의로 나눈 색의 구조는 상황에 따라 달라질 수 있다는 겁니다. 제가 나눈 기준이 절대적인 정답이 아닙니다. 어떤 이는 저보다 적은 색을 사용하거나, 더 많은 색을 사용할 수도 있습니다. 저도 때로는 세 가지 색을 쓰지만, 어떤 때는 다섯 가지 색을 쓰기도 합니다.

또한 이 구조들은 러시아 목각인형 마트료시카처럼 더 작은 개념에도 똑같이 적용할 수 있습니다. 마트료시카는 가장 큰 목각인형을 열면, 그 안에 더 작은 목각인형이 있고, 그것을 열면 또 그보다 작은 인형이 나오며 계속 이어지는 구조입니다. 지식과 정보도 이와 마찬가지입니다. 저는 아까 책의 제목을 보라색으로 칠했습니다. 하지만 각 장에 들어가면, 그 장만의 보라색이 또 있을 겁니다. 책 전체의 보라색, 목차의 보라색, 장의 보라색, 그리고 챕터의 보라색, 나아가 내용 중의 보라색까지. 이처럼 책의 구조는 마트료시카처럼 계속 나눌 수 있는 특징을 가지고 있습니다.

형광펜으로 칠하는 연습을 하다 보면 이러한 구조를 보는 법을 깨닫게 됩니다. 작은 것들이 모여 큰 것이 되고, 큰 것들이 모여 더 큰 구조를 이룹니다. 작은 것 안에서도 더 중요한 큰 것이 있고, 큰 것들 중에서도 더 중요한 핵심이 있습니다. 크기라는 개념은 상대적으로 변할 수 있습니다. 형광펜 칠하기의 효과는 이런 구조의 개념들을 이해하게 만드는 데 있습니다.

이런 훈련을 거치면 글을 쓸 때, 말을 할 때, 프로젝트를 기획할 때, 또는 사업을 운영할 때도 큰 도움이 됩니다. 구조를 보는 법을 알게 되고, 나누고 더하는 법을 터득하게 되기 때문입니다. 이런 사람이 어떻게 일을 잘하지 않겠습니까? 어떤 일이든 잘할 수밖에 없을 겁니다. 결국 그의 몸값은 자연스럽게 오를 수밖에 없습니다.

_____ 　　　　　　　　　책을 읽고 나서 내용을 정리하자

책을 읽고 나서 내용을 정리하는 것은 필수적이라고 생각합니다. 저는 알랭 드 보통의 『불안』이라는 책을 다섯 번 읽었습니다. 이 책은 저에게 무척 큰 영감을 주는 책이었습니다. 처음 읽었을 때는 그저 깊은 인상을 받았고, 두 번째 읽었을 때는 더 많은 부분이 이해되었습니다. 하지만 세 번째쯤 읽었을 때, 문득 깨달았습니다. '내가 책을 읽고도 정리하지 않는다면, 이건 결국 알랭 드 보통의 말로만 끝나는 거구나.'

『불안』이라는 책이 주는 메시지는 강렬하고 감동적이었지만, 그건 어디까지나 알랭 드 보통의 언어였습니다. 아무리 많이 읽어도, 그 내용을 나의 언어로 변환하지 않으면 그것이 완전히 내 것이 되기는 어렵다는 생각이 들었습니다. 이때부터 책을 읽고 나서 반드시 그 내 용을 나만의 언어로 정리하는 시간을 갖겠다고 결심했습니다.

이 결심 이후, 책을 읽은 후에는 반드시 내용을 요약하고 재해석하는 습관을 들이기 시작했습니다. 책 속의 내용이 진정으로 나의 것이 되려면 단순히 외우거나 받아들이는 게 아니라, 그것

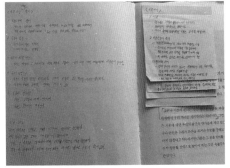

책을 다 읽고 처음으로 다시 복기하며 정리해본 사진

을 내 방식대로 풀어 쓰는 과정을 거쳐야 한다는 것을 느끼게 되었습니다. 이 과정에서 저는 책의 핵심을 더 명확하게 파악할 수 있었습니다. 그리고 책이 제게 주는 교훈을 더 깊이 이해할 수 있게 되었습니다.

책을 읽고 정리하기는 마치 분류 작업과 비슷합니다. 작은 챕터별로 그 내용을 정리할 수도 있고, 큰 장마다 내용을 정리할 수도 있습니다. 중요한 것은 그때마다 본인의 생각을 추가하면서 나만의 방식으로 기록해나가는 것입니다. 책의 여백에 직접 써도 좋고, 포스트잇을 붙여가며 정리해도 좋습니다. 중요한 것은 '나의 언어'로 다시 써보는 것입니다.

이 과정에서 가장 놀라운 변화는 정리하기를 통해 비로소 내가 사람들 앞에서 막힘없이 내 생각을 표현할 수 있게 된다는 사실입니다. 단순히 책을 읽기만 하면, 그 내용을 머릿속에 담아두는 데 그치기 쉽습니다. 하지만 정리하고 나의 언어로 요약하는 과정은 내 생각을 정돈하고, 그것을 명확하게 전달할 수 있는 능력을 키워줍니다.

예를 들어 많은 독서모임에 가면 책은 읽었지만 자신의 생각을 말하지 못하는 경우를 종종 봅니다. 그들은 책을 읽는 데는 성공했지만 정리하지 않았기 때문에 자신의 생각을 명확히 표현하지 못하는 것입니다. 정리하기가 부족했을 가능성이 큽니다.

저도 초창기에는 독서모임에서 그저 다른 사람의 말을 듣기만 하곤 했습니다. 제가 읽은 내용을 정리하지 않았기 때문에, 책을 읽었음에도 불구하고 제 의견을 말하기가 힘들었습니다. 하지만 책을 읽고 정리하기를 시작한 이후에는, 더 이상 누군가의 의견에만 의존하지 않고 저의 생각을 자신 있게 표현할 수 있게 되었습니다.

책을 읽고 내용을 재해석하고 정리하는 과정은 책의 내용을 나만의 것으로 만드는 과정입니다. 단순히 저자의 말을 그대로 기억하는 게 아니라, 나의 삶과 경험에 비추어 그 내용을 다시 해석하는 것입니다. 이를 통해 책은 단순한 정보의 축적을 넘어, 나의 사고방식과 가치관을 형성하는 도구로 변모하게 됩니다.

'정리하기'의 또 다른 장점은 나의 사고를 더 체계적으로 만들어준다는 것입니다. 단순히 책을 읽는 것만으로는, 그 내용이 머릿속에 정리되지 않은 채로 그냥 방치될 수 있습니다. 정리 과정을 거친다면 나만의 논리를 구축하면서, 사고의 흐름이 자연스럽게 체계화됩니다. 이런 능력은 단순히 독서에만 국한되지 않고, 일상에서의 대화나 업무에서도 큰 도움이 됩니다. 사람들에게 명확하고 간결하게 나의 생각을 전달할 수 있는 힘이 생기기 때문입니다.

정리하는 방식은 다양하게 응용할 수 있습니다. 책을 일정한 주제로 묶어서 정리할 수도 있고, 개별 챕터를 하나의 작은 프로젝트처럼 정리할 수도 있습니다. 중요한 것은 내가 가장 편하고 이해하기 쉬운 방식을 찾는 것입니다. 어떤 사람은 다이어리 형식으로, 또 어떤 사람은 마인드맵 형식으로 정리할 수 있습니다. 어떤 방법이든 정리하고 다시 해석하는 과정이 필수적입니다.

또한 이 정리 과정에서 중요한 것은 완벽을 추구하지 않는 것입니다. 처음부터 완벽하게 모든 것을 이해하려고 하지 말고, 부분적으로라도 이해한 내용을 정리하는 것이 중요합니다. 정리를 하다 보면 처음에는 이해되지 않았던 부분들이 점차 명확하게 보이기 시작합니다. 그때 비로소 독서의 진정한 효능을 느낄 수 있게 됩니다.

정리하기의 중요성은 단순히 책의 내용을 잊지 않기 위한 도구로 끝나지 않습니다. 그것은 나의 사고를 확장하고, 나만의 관점을 형성하는 중요한 과정입니다. 책을 읽고 나서 정리하지 않으면, 그것은 결국 저자의 말만 남는 것입니다. 반면, 정리를 통해 책을 나만의 것으로 만들 때, 비로소 그 책은 나의 일부가 되고, 나의 사고와 행동을 변화시킬 수 있는 도구가 됩니다.

도전하기:
가장 강한 상대와 싸워본다

『돈키호테』의 저자 세르반테스는 말합니다. "이룰 수 없는 꿈을 꾸고, 이길 수 없는 적과 싸우며, 견딜 수 없는 고통을 견디고, 잡을 수 없는 저 하늘의 별도 잡자." 가끔은 돈키호테 같은 용기도 가져봅시다.

매우 어려운 책에 도전하라

법정 스님이 『무소유』라는 책에서 독서에 대해 남기신 말씀 중에 "좋은 책이란 물론 거침없이 읽히는 책이다. 그러나 진짜 양서는 읽다가 자꾸 덮이는 책이어야 한다. 한두 구절이 우리에게 많은 생각을 주기 때문이다. 그 구절들을 통해서 나 자신을 읽을 수 있기 때문이다"라는 구절이 있습니다. 이 말씀은 책을 대하는 저의 태도에 큰 변화를 주었습니다.

우리는 일반적으로 책을 쉽게 읽고, 이해가 잘 되는 책을 좋은 책이라고 생각합니다. 하지만 깊이 있는 책은 다릅니다. 한 문장을 읽을 때마다 생각에 잠기고, 그 무게 때문에 책을 덮게 만들죠. 그런 책이야말로 우리에게 깊은 사유를 가능하게 하고, 진정한 깨달음을 주는 책입니다.

제가 독서를 하면서 가장 잘했다고 생각하는 일 중 하나는 고전을 읽기 시작한 것입니다. 고전은 단순히 오래된 책이 아닙니다. 수 세기, 심지어 수천 년 동안 그 가치가 검증된 인류의 지혜가 담긴 책들입니다.

처음에는 그저 "많이 들어봤으니 나도 읽어야지"라는 생각으로 고전을 집어 들었습니다. 그러나 시간이 흐르면서 고전이 가진 깊이와 매력을 알게 되었습니다. 고전은 저에게 수십 년, 수백 년의 지혜를 간접적으로 전달해주었고, 제 인생의 길잡이가 되었습니다.

제가 처음 접한 고전은 동양 철학의 대표작인 사서였습니다. 『논어』『맹자』『대학』『중용』. 이 네 권은 동양 사상의 근간을 이루는 책들이죠. 처음 이 책들을 읽기 시작했을 때는 솔직히 무슨 말인지 전혀 이해하지 못했습니다. 이 책들은 단순히 지식을 전달하는 책이 아니라 삶의 철학과 도덕적 가르침을 주는 책이었는데, 어린 나이의 저에게는 너무 추상적이고 어렵게 느껴졌습니다. 하지만 한편으로는 허영심도 있었습니다. 그저 이런 책을 읽고 있다는 사실만으로도 스스로가 특별해진 것 같은 기분이 들었죠.

그러나 책을 계속 읽다 보니 고전이 주는 지혜와 미묘한 매력을 느끼게 되었습니다. 읽을 때는 머리가 복잡하고 힘들었지만, 책을 덮고 나서 일상을 살아가다 보면 문득 그 책의 내용이 떠오르는 순간이 생겼습니다. 그때부터 고전을 읽는 즐거움을 알게 되었고, 더 이상 고전을 끊을 수 없게 되었습니다. 사서를 읽고 난 후에는 자연스럽게 노자와 장자로 관심이 옮겨갔습니다. 유교의 가르침과는 정반대의 철학을 가진 이 두 사상가의 책을 읽으면서, 저는 삶을 바라보는 시각이 훨씬 넓어졌습니다.

유교 사상은 선한 사람이 되는 법을 가르쳐주었지만, 노자와 장자는 자연스럽게 살아가는 법, 자유와 주체성을 강조했습니다. 공자와 맹자의 가르침이 사회적 역할과 도덕적 책임을 중시했다면, 노자와 장자는 자연에 순응하는 삶과 내면의 자유를 추구했습니다. 이 두 상반된 철학은 제 사고방식을 다채롭게 만들어주었고, 하나의 사건을 바라볼 때 여러 가지 시각으로 해석할 수 있는 능력을 길러주었습니다.

동양 철학을 깊이 있게 읽은 후, 저는 자연스럽게 서양 철학에도 관심을 가지게 되었습니다. 그래서 서양의 고전들을 읽기 시작했죠. 하지만 서양 철학은 동양 철학보다 더 추상적이고 어려

없습니다. 유명한 철학자들의 책을 읽어도 도무지 무슨 말인지 이해가 가지 않았습니다. 그때 누군가가 철학사를 먼저 읽어보라고 권유했습니다. 그래서 저는 램프레히트의『서양철학사』를 집어 들었습니다.

이 책은 저에게 서양 철학의 큰 흐름을 이해하게 해준 중요한 책이었습니다. 철학사는 철학자들의 사상이 서로 영향을 주고받으며 발전해온 과정을 설명하는 책입니다. 이 책을 읽고 나니, 서양 철학이 한 명의 철학자의 사상에 국한된 것이 아니라는 것을 알게 되었습니다. 이전 철학자들의 사상에 영향을 받아, 서양 철학이 발전해 왔던 것입니다. 예를 들어 소크라테스의 철학이 플라톤에 의해 체계적으로 발전했고, 플라톤의 사상은 아리스토텔레스로 이어져 현대 철학의 기초를 이루었다는 사실을 알게 되었죠.

철학사를 읽고 나니 개별 철학자들의 명저를 읽을 때 훨씬 수월했습니다. 그들의 사상이 어디에서 비롯되었는지, 그리고 그 철학이 어떻게 발전했는지 이해할 수 있었습니다. 하지만 그때도 제 안에서 다른 분야에 대한 호기심이 생기기 시작했습니다. 철학이 인간의 생각을 다루는 학문이라면, 과학은 인간이 세상을 이해하는 방식을 다루는 학문입니다. 그래서 저는 과학 서적들을 읽기 시작했습니다.

과학 서적을 처음 접했을 때는 물리학과 생물학 같은 분야가 너무 어렵게 느껴졌습니다. 하지만 칼 세이건의 『코스모스』, 리처드 도킨스의 『이기적 유전자』, 브라이언 그린의 『우주의 구조』와 같은 책들은 과학의 진리를 매우 흥미롭게 설명해주었습니다. 저는 양자역학과 상대성 이론을 통해 세상을 바라보는 새로운 관점을 배웠고, 찰스 다윈의 『진화론』을 통해 생물학적 진리를 깨닫게 되었습니다. 이런 책들은 저에게 과학이 단순한 학문이 아니라, 우주와 인간을 이해하는 중요한 도구라는 것을 가르쳐주었습니다.

과학을 읽고 나니 자연스럽게 종교에 대한 관심도 생겼습니다. 신앙적인 관점에서 종교를 받아들이기보다는, 인류 역사상 가장 위대한 인물들인 붓다와 예수가 어떤 가르침을 남겼는지 궁금해졌습니다. 그래서 저는 불교의 팔만대장경과 기독교의 성경을 읽기 시작했습니다. 이 두 책은 너무 방대해서 모두 읽었다고 말할 수는 없지만, 그 속에서 저는 위대한 인물들의 진리를 조금이나마 느낄 수 있었습니다. 붓다와 예수의 가르침은 2천 년이 넘는 세월 동안 변치 않고 전해져 내려오면서도 여전히 인류에게 큰 영향을 미치는 진리였습니다.

이후 누군가가 저에게 멘토가 누구냐고 묻는다면, 저는 주저하지 않고 붓다와 예수라고 답할 수 있을 정도로 그들에게 깊은 영항을 받았습니다. 그들의 가르침은 제 삶의 중심이 되었고, 저의 가치관을 형성하는 데 큰 역할을 했습니다.

물론 저는 철학 서적과 종교 서적만 읽은 것은 아닙니다. 저는 자기계발서, 마케팅, 경제사상, 예술 등 다양한 분야의 책들을 읽으며 스스로의 성장을 도모했습니다. 예를 들어 마케팅에서는 필립 코틀러의 책들을 읽었고, 경제사상에서는 『죽은 경제학자의 살아 있는 아이디어』를 읽었습니다. 예술에서는 곰브리치의 『서양미술사』, 처세술에서는 데일 카네기의 책들을 읽었습니다.

이처럼 다양한 책들을 읽었던 이유는 제 스스로 성장하고 확장하기 위해서였습니다. 책을 읽으면서 저 자신이 점점 더 확장되어 가는 것을 느꼈습니다. 예전에는 하나의 사건을 한 가지 관점에서만 바라보았다면, 이제는 다양한 시각으로 그 사건을 해석할 수 있게 되었습니다. 내 안에 있는 붓다, 예수, 플라톤, 공자, 소크라테스, 니체, 아인슈타인이 각각 다른 의견을 제시하는 느낌이었습니다. 그들은 모두 제가 세상을 바라보는 데 있어 다양한 관점을 제시해주는 스승이 되었습니다.

이렇게 다양한 사고방식과 관점을 가지고 세상을 바라볼 수 있게 되면서, 제 자신이 자연스럽게 성장할 수밖에 없었습니다. 그리고 그것은 제 몸값을 높이는 결과로 이어졌습니다. 그럴 수밖에 없죠. 다양한 아이디어와 관점이 생기고, 그 속에서 창의적 사고가 발현되었으니까요.

그래서 저는 어려운 책을 추천합니다. 어려운 작품들은 우리에게 수십 년, 수백 년의 지혜를 제공합니다. 우리의 관점을 넓히고, 삶을 다채롭고 깊이 있게 만들어줍니다. 그래서 저 역시 아직도 어려운 책을 찾아 읽어 나가고 있습니다.

_____ 10권을 읽으면 학사, 100권을 읽으면 박사가 된다

"10권을 읽으면 대학교 전공자 수준이 되고, 100권을 읽으면 박사가 된다"라는 말을 언젠가 들은 적이 있습니다. 유명한 석학이 하신 말씀을 기억합니다.

물론 이 말을 실제 그분야의 전문가들이 들으면 기분 나쁠 수도 있을 겁니다. 하지만 저는 이 표현이 무척 마음에 듭니다. 왜냐하면 이 말은 한 분야를 깊이 탐구하는 자세에 대한 중요한 메시지를 담고 있기 때문입니다.

여기서 100권이라는 숫자는 단순한 상징일 뿐입니다. 끊임없이 학습하고 탐구하는 자세를 나타내는 표현입니다. 무수히 많은 양의 책을 읽는 과정에서 자연스럽게 다양한 관점과 깊이 있는 지식을 접하게 됩니다. 반복적인 독서를 통해 그분야에 대한 이해가 깊어집니다. 제가 체험한 바로는 실제 전문가는 못될지라도, 전문가들이 하는 말을 매우 쉽게 이해하고 서로 대화가 가능한 수준까지 올라갑니다. 그 정도만 해도 장족의 발전이라 생각합니다.

이처럼 한 분야의 책을 다량으로 읽을 경우 생기는 효과가 몇 가지 있습니다. 첫 번째는 대부분의 책들이 비슷한 주장을 반복한다는 사실을 깨닫게 되는 것입니다. 저는 과거에 교양과학, 특히 물리학에 관심을 가지기 시작한 적이 있습니다. 저는 학창 시절 과학 과목에서 전교 꼴등을 했던 경험이 있습니다. 당시에는 과학이라는 학문이 그저 복잡한 계산과 공식으로 가득한 분야라고만 생각했습니다. 그래서 자연스레 흥미를 잃었죠.

어느 날 과학의 수식과 계산이 아닌, 이해와 사고 중심으로 쓰인 책들을 접하게 되었습니다. 그 책들은 저에게 인문학처럼 느껴졌습니다. 물리학이란 우주와 자연을 탐구하는 방법이고, 사람 또한 그 안에 속하는 존재들이기 때문에 과학과 인문학은 떨어져 있을 수 없는 관계라는 걸 알게 되었습니다. 철학을 좋아하던 저에게는 충격이었죠.

그때부터 과학 서적들을 읽기 시작했습니다. 물론 처음에는 너무 어려워서 이해할 수 없는 내용이 대부분이었습니다. 그러나 책을 읽으면서도 흥미를 잃지 않았습니다. 놀라운 변화는 그분야의 책을 약 10권 정도 읽었을 때 찾아왔습니다. 그 시점부터는 머리를 쓰지 않고도 자연스럽게 내용이 이해되기 시작했습니다. 같은 주제나 이론을 반복해서 접하게 되면서, 머릿속에서 퍼즐처럼 맞춰지기 시작한 겁니다.

이후 중간중간 이해가 되지 않거나 어려운 내용들은 전문가들의 강연이나 EBS 강의, 팟캐스트 같은 대중적인 콘텐츠를 통해 보충했습니다. 말 그대로 그때 저는 그분야에 흠뻑 빠졌습니다. 이렇게 깊이 파고들다 보니, 과학 서적을 읽는 속도가 점점 빨라지기 시작했습니다. 처음에는 힘겹게 해석하던 내용들이 점점 더 쉽게 다가왔고, 그 내용을 삶에 적용하고 응용하는 과정도 재미있게 느껴졌습니다. 이러한 경험은 독서의 힘을 제대로 실감하게 해줬습니다.

책을 많이 읽으면, 특히 같은 분야의 책을 여러 권 읽으면, 그 분야에서 자주 반복되는 핵심적인 내용들이 눈에 들어오기 시작합니다. 처음에는 무척 어려워 보였던 내용들이 낯익은 개념으로 다가오고, 나아가 새로운 관점에서 재해석할 수 있는 기회가 생깁니다. 한 권의 책이 주는 지식은 제한적일 수 있습니다. 하지만 같은 주제에 대해 다양한 저자가 각기 다른 방식으로 설명하는 내용을 접하다 보면 공통 지점을 발견하게 됩니다. 그것이 그분야의 핵심 중 하나입니다.

"10권을 읽으면 대학교 전공자 수준이 되고, 100권을 읽으면 박사가 된다"라는 말이 과장이 아니라는 걸 다시 한 번 확실하게 느꼈던 사례가 있습니다. 스피치 강의를 준비할 때였습니다.

3년 동안 열심히 준비한 덕분에 저의 강의는 매우 탄탄한 커리큘럼을 갖추게 되었고, 코치로서의 감각도 한층 도약했습니다. 그렇게 1년 정도 강의를 진행하고 나니 약간의 정체기가 찾아왔습니다. 더 이상 실력이 늘지 않는 것 같은 느낌이 들었습니다. 그때 문득 머릿속에 스친 생각이 있었습니다. "100권을 읽으면 박사가 된다." 이 말을 떠올리면서도 쉽게 마음이 내키지 않았습니다. 솔직히 오만한 태도였지만, 이미 전문가로 활동하고 있는 저로서는 동종업계 사람들의 책을 읽는 것이 불편하게 느껴졌던 것입니다. 저만의 개성과 매력을 잃게 될까봐 주저한 것도 있었습니다.

그러나 그런 생각이 얼마나 어리석었는지 곧 깨닫게 되었습니다. '너가 잘났으면 얼마나 잘났는데? 너가 한 만큼은 모두 다 했어. 머리 숙이고 배울 생각이나 해'라며 제 자신을 질책하고 반성했습니다. 그러고선 바로 실행에 옮겼습니다. 지속적으로 약 100권의 책을 구입해 읽기 시작했습니다. 다시 한 번 느꼈습니다. 이미 이 분야에 대해 어느 정도 알고 있었기 때문에 더 깊이 느낄 수 있었습니다. 저를 포함한 대부분의 전문가들이 비슷한 핵심을

몸값을 올리는 독서에는 숨은 공식이 있다

공유하고 있다는 사실을 말입니다. 곁가지의 노하우는 다르지만 핵심은 비슷합니다.

그렇다면 저희 같은 전문가들이 연구를 게을리하거나 서로의 내용을 베껴서 이런 일이 생긴 걸까요? 아닙니다. 오히려 깊이 파고들수록 본질은 매우 단순하다는 사실을 깨닫게 됩니다. 각자의 방식과 표현은 다르지만 근본적인 핵심은 유사합니다. 창의적인 내용을 담으려 해도 결국 본질에 충실할 수밖에 없기 때문입니다. 아무리 독창적인 접근을 시도해도, 진리나 원리는 크게 변하지 않습니다. 그 진리의 테두리 안에서 다양한 해석과 표현이 나오는 것입니다.

20~30권 정도 읽었을 때 재미있는 변화가 일어났습니다. 처음에는 발성, 발음, 아나운서, 발표와 같은 저와 밀접한 스피치 관련 서적들만을 읽었습니다. 그러다 우연히 유사한 분야들로 관심이 확장되었습니다. 처음엔 '스피치' 관련된 내용만 찾다가, 점차 '협상' '문서작업' '대화법' '인체학' '카피라이팅' '광고기획' 같은 주제에도 눈을 돌리게 되었습니다. 새로운 세계가 열리는 기분이었습니다. 같은 맥락에서 크게 벗어나지 않으면서도, 그동안 저 혼자서는 절대 알 수 없었던 노하우들이 그곳에 숨겨져 있었습니다. 새로운 세상이 열리기 시작한 겁니다.

그중에는 무척 어렵게 쓴 책도 있었고, 누구나 쉽게 이해할 수 있을 만큼 잘 풀어쓴 작품도 있었습니다. 기억에 남는 몇 가지 책을 꼽자면, 박소연 작가의 『일 잘하는 사람은 단순하게 말합니다』, 허브 코헨의 『협상의 기술』, 로버트 치알디니의 『설득의 심리학』, 도널드 밀러의 『무기가 되는 스토리』, 오하시 가즈요시의 『다 팔아버리는 백억짜리 카피 대전』, 울디스 자린스의 『최신 기법의 아나토미』 같은 작품들이 있었습니다. 물론 이 외에도 많은 책들이 저에게 큰 영감을 주었습니다.

책을 읽어가면서, 스피치에 대한 저의 지식과 이해가 점점 더 단단해지는 것을 느꼈습니다. 저의 업무 기술도 계속해서 확장되는 기분이었습니다. 이 경험을 비유하자면, 내가 사용할 수 있는 무기가 하나둘 늘어나는 기분이었죠. 다른 비유를 하자면 마치 의사가 환자에게 해줄 수 있는 처방의 종류가 다양해진 것과도 같습니다.

예전에는 수강생들이 어떤 질문을 하더라도 주로 '발성' '발음' '스피치 철학'에 대한 답변만 제공할 수 있었습니다. 그때는 저도, 수강생들도 다소 아쉬움을 느꼈죠. 하지만 이제는 달라졌습니다. 수강생의 필요에 따라 협상 기술이 필요한 사람에게는 그에 맞는 조언을, 스토리텔링이 필요한 사람에게는 그분야에 맞는 솔루션을 제공할 수 있게 된 겁니다. 하나의 해결책만이 아닌, 다양한 방식으로 접근할 수 있는 능력을 갖춘 것입니다. 그 결과 당연히 저의 가치도 자연스럽게 높아졌습니다.

이 과정에서 가장 큰 깨달음은, 지식을 확장하는 것이 얼마나 중요한지를 다시 한 번 실감한 것입니다. 단순히 '발성'과 '발음'만을 다루는 스피치 코치에서 벗어나, 언어의 본질에 더 다가갈 수 있는 한 사람이 되었습니다. 이 변화는 직업적 가치의 향상뿐만 아니라 인간적인 성숙도 가져다주었습니다.

다시 한 번 말합니다. 100권이라는 숫자는 단순히 상징적인 수치일 뿐, 중요한 것은 그 속에서 얻는 깊이와 통찰력입니다. 한 분야에서 진정한 전문가로 성장하기 위해서는 끊임없이 배우고, 새로운 지식을 흡수하는 노력이 필요하다는 것입니다. 이 과정에서 얻은 다양한 관점과 해결책은 우리의 몸값을 높여주는 중요한 자산이 될 겁니다.

_____   다윗이 골리앗을 이길 수 있던 이유

다윗과 골리앗, 누구나 한 번쯤은 들어봤을 이름이죠? 종교가 없더라도 알 수 있는 익숙한 이름입니다. 구약성경 사무엘상 17장에 나오는 전투 이야기인데, 골리앗은 약 3미터에 달하는 거인인데 반해 다윗은 1.6미터 남짓의 작은 체격을 가진 소년이었죠. 골

리앗은 무려 60kg에 달하는 갑옷을 입고, 창 끝 무게만 7kg에 이르는 무기를 휘둘렀습니다. 군대에서 완전 무장을 해본 분들은 30kg 정도의 장비만으로도 얼마나 힘든지 알 텐데요, 골리앗은 그보다 두 배를 훌쩍 넘는 무장을 한 괴력의 소유자였습니다. 반면 다윗은 평범한 체격의 목동이었다고 합니다. 다윗은 갑옷이나 무거운 무기를 사용한 경험이 없었습니다.

이런 외적 조건만 보면 당연히 골리앗이 이기겠죠. 그러나 결과는 다윗의 승리였습니다. 왜일까요? 다윗은 골리앗의 약점을 파악했습니다. 골리앗은 근접전에서는 무적과도 가까웠지만, 원거리 공격에는 취약했다고 합니다. 그래서 다윗은 이를 간파하고, 멀리서 돌팔매로 골리앗의 이마를 정확히 맞추며 승리를 거머쥐었습니다. 다윗이 자기보다 강한 상대의 강점과 약점을 활용해 승리한 것이죠.

이 이야기를 꺼낸 이유가 뭘까요? '어떤 문제든 해법이 있다'는 사실을 전하기 위해서입니다. 아무리 힘들고 불가능해 보이는 상황에서도 해결책은 반드시 존재합니다. "하늘이 무너져도 솟아날 구멍이 있다"는 말처럼, 어려워 보이는 책도 읽는 방법만 알면 충분히 읽어낼 수 있습니다. 독서가 너무 어려워 포기하려는 순간, 그런 행동 자체가 독서의 흥미를 잃게 만들 수 있습니다. 자존감이 떨어져서 책을 손에서 놓게 될 수도 있습니다. 이런 상황을 피할 수 있도록 제가 직접 효과를 봤던 몇 가지 독서의 노하우를 공유하고자 합니다.

_____ 먼 천리 길도 일단 한 걸음부터

첫 번째 방법은 바로 '아동서적이나 초등학생용 책을 읽어라'입니다. 상상 이상으로 유용한 방법입니다. 특히 책의 내용이 너무 어렵거나 이해가 되지 않을 때 이 방법은 빛을 발합니다.

저는 한때 '어려운 책만이 가치가 있다'는 오만한 생각을 가지고 있었습니다. 그러다 보니 책이 어려워 읽히지 않아도 이 문제를 해결할 다른 방법을 찾지 않았습니다. 철학을 한창 공부할 때, 특히 근대철학이 무척 어려웠습니다. 존 로크의 『인간오성론』, 칸트의 『순수이성비판』, 니체의 『차라투스트라는 이렇게 말했다』 같은 책들을 접했는데, 도대체 무슨 말인지 이해하기 어려웠습니다. 지금도 잘 모르겠습니다. 저의 대학교 전공도 아니기 때문에 물어볼 교수님도 없고 답답했습니다. 그래도 포기하고 싶지도 않아서 고군분투하며 버텼습니다.

철학 분야는 그 고비를 넘겨 어느 정도 이해했지만, 과학 서적을 읽을 때는 그 고통을 견디기 어려웠습니다. 그래서 그때부터 자존심을 내려놓기로 결심했습니다. '나는 아무것도 모른다'라는 마음으로 새로운 방법을 찾아야만 했습니다. 이대로라면 책을 아예 이해할 수가 없고, 독서의 흥미를 잃어 자존감마저 떨어질 게 느껴졌기 때문입니다. 그때 제가 선택한 방법이 바로 아동용 책을 읽는 것이었습니다.

처음엔 좀 부끄러웠습니다. 서점에서 아동 코너에서 책을 고른다는 게 어색하기도 했고, 왠지 나를 보고 사람들이 비웃을 것 같기도 했습니다. 지금 생각하면 아무도 신경 쓰지 않았는데 말입니다. 그래도 그 생각은 오래가지 않았습니다. 막상 책을 읽다 보니 큰 충격을 받았거든요. 제가 그토록 어려워했던 개념들이 너무나 친절하게 설명되어 있었습니다.

처음에는 과학 분야만 그렇게 쉬운 줄 알았지만, 철학 책들도 마찬가지였습니다. 철학의 어려운 개념들도 아동용 책에서는 간단하게 설명되어 있었습니다. '이렇게 쉬운 책을 왜 먼저 찾지 않았을까' 하는 후회가 들었습니다. 어려운 책을 억지로 이해하려고 애쓰는 것보다, 이렇게 쉽게 풀어 쓴 책을 먼저 읽었으면 훨씬 좋았을 것 같다는 생각이 들었습니다. 아동용 서적들이 오히려 더 효과적인 공부 방법이 될 수 있다는 걸 깨달았습니다. 복잡한 개념도 쉽게 풀어줘서 너무 유용했습니다.

그때 깨달았습니다. 어려운 개념을 쉽게 설명하는 능력이야말로 진정한 능력이라는 사실을 말입니다. 글을 써보신 분들은 아실 겁니다. 쉽게 쓰는 게 가장 어려운 일입니다. 특히 어려운 개념을 어린아이도 이해할 수 있도록 설명하는 건 대단한 작업이죠. 그렇게 할 수 있는 작가들은 분명히 대단한 고수들입니다.

그때부터 어려운 책을 읽을 때마다 저는 이 방법을 활용합니다. 서점에 가서 아동, 초등학생 수준의 책을 찾는 겁니다. 요즘은 전자책이나 다양한 온라인 플랫폼 덕분에 책을 찾는 게 더 수월해졌습니다. 경제학, 역사, 뇌과학, 영양학 등 다양한 분야의 책들을 이 방법으로 읽으며 공부했고, 그 효과는 대단했습니다.

소크라테스는 "나는 내가 모른다는 것을 안다"라고 말했고, 아인슈타인은 "무엇이든 쉽게 설명할 수 없다면 제대로 이해한 것이 아니다"라고 말했습니다. 자존심을 내려놓으면 지혜의 문이 열린다는 말은 사실이었습니다.

어려운 책을 읽고자 할 때 너무 힘들다면, 그 주제에 대한 더 쉬운 책을 먼저 읽어보는 것도 좋은 방법입니다. 쉽고 간결하게 쓰여진 책들이, 결국에는 더 깊은 이해로 가는 지름길이 될 수 있기 때문입니다. 이런 서적 또한 10권 정도를 읽어보세요. 그러면 감이 잡힐 겁니다. 그 다음 단계로 나아갈 수 있는 기본 개념이 쌓이게 될 겁니다.

두 번째 방법은 '일타강사를 찾아라'입니다. 앞서 말한 방법과 비슷한 맥락입니다.

처음 공부를 시작할 때 괜히 더 어렵게 설명하는 자료나 영상을 찾으려고 했던 경험이 있습니다. 더 유명한 대학교의 학위를 가진 교수님들의 강의를 듣는 것이 더 효과적일 거라고 생각했기 때문입니다. 그래서 비교적 대중적인 설명보다는 학문적으로 깊이 있는 강의를 선호했습니다. 굳이 어려운 강의들을 선택한 겁니다. 더 어렵고 긴 강의를 들어야 한다는 강박관념이 있었습니다.

학문적 깊이를 제가 감히 평가할 수는 없지만 교수님들의 지식은 매우 훌륭했습니다. 하지만 당시 저에게는 과유불급이었습니다. 너무 어렵게 느껴졌고, 내용을 이해하는 것 자체가 힘들었습니다. 처음에는 집중하려고 애썼습니다. 하지만 시간이 지날수록 점점 흥미를 잃어가고 있었습니다.

그래서 이후에 쉽게 설명하는 강사들을 찾기 시작했습니다. 더 쉽고 재미있게 설명해주는 분들의 영상을 보다 보니 그동안 이해가 잘 안 되던 부분들이 점점 이해가 되기 시작했습니다. 다시 지적 호기심이 불타올랐습니다. 그동안 어려워만 보였던 유명 대학 교수님들의 개념들도 전보다 훨씬 이해가 잘 되었습니다.

그래서 지금은 상호보완적으로 학습을 하고 있습니다. 쉽게 설명하는 분들의 영상으로 개념을 먼저 익히고, 그 다음에 깊이 있는 강의나 자료들을 찾아보는 방식으로 말입니다. 이런 방식이 저에게는 훨씬 효율적이었습니다.

가장 좋았던 것은 팟캐스트 형식이었습니다. 일방적으로 설명하는 것보다 누군가와 대화를 나누는 형식이 훨씬 흥미로웠죠. 어떤 사람은 날카로운 질문을 던져 제 사고를 넓히는 데 큰 도움을 줬고, 어떤 사람은 리액션을 잘해서 마치 공부하는 것이 아니라 함께 수다를 떠는 기분이 들기도 했습니다.

번외로, 이러한 방법들은 저의 스피치 분야에도 큰 도움이 되었습니다. 혼자 일타강사처럼 설명하는 능력은 물론, 강의나 방송에서 사람들에게 질문하고 리액션을 하는 능력도 크게 향상되었죠. 듣고 즐기기만 했는데도 거울뉴런의 효과 덕분에 저에게 다양한 자양분이 되었습니다.

'호모 루덴스'라는 말이 있습니다. 네덜란드의 역사학자 요한 하위징아(Johan Huzinga)가 만든 개념인데요, '놀이하는 인간'을 말합니다. 인간은 단순히 일하는 존재가 아니라, 놀이를 통해 문화를 창조하고 발전시킨다고 했습니다. 인간의 본질적인 속성 중 하나가 놀이라는 것이죠. 현재 많은 뇌과학적인 연구 결과에 따르면 우리의 뇌는 놀이처럼 학습할 때 더 쉽게 이해한다고 합니다. 그럴수록 더 높은 인지 능력과 동기부여를 받는다고 하죠. 이런 측면에서 볼 때 흥미라는 개념은 무척 중요합니다. 너무 어려운 내용으로 인해 동기를 잃으시거든, 흥미를 유발할 수 있는 사람들의 재밌는 영상을 찾아서 들어보세요.

_____ LLM 프로그램 같은 기술을 활용하라

이 내용을 적을까 말까 고민했습니다. 왜냐하면 제가 제시하는 이 방법이 시간이 지나면 먹히지 않을 수도 있기 때문입니다. 하지만 그런 걸 감안하고서라도 포기할 수 없을 만큼 중요하다고 생각해서 적습니다. 바로 LLM(대규모 언어 모델)을 활용하라는 겁니다. 모두가 알 만한 이름으로는 'Chat GPT' 같은 프로그램 말입니다.

LLM 프로그램들을 사용하면서 많이 느낍니다. '진작 이런 도구가 있었더라면 얼마나 더 쉽게 공부할 수 있었을까.' Chat GPT의 출현을 보면서 이런 생각이 들었습니다. '앞으로 공부하려는 의지만 있으면 지식을 얻기에 유리한 세상이 될 거다.' 정보의 빈부격차가 더 극심해질 것으로 보입니다.

시대가 어떻게 변할지 모르기 때문에, 아주 쓸 만한 노하우 하나만 공유하고 마무리하겠습니다. 그건 바로 "초등학생도 이해할 수 있게 설명해줘"입니다. 제가 가장 많이 사용하는 지시어 중 하나입니다.

예를 들어보겠습니다. '세무조사'라는 말을 들어보셨죠? 한 번쯤은 들어봤을 법한 용어지만, 막상 설명하려면 쉽지 않은 개념입니다. 그 증거로 국가법령정보센터에서 '세무조사'를 검색해봤습니다. 나오는 설명은 이렇습니다.

"세무조사란 각 세법에 규정하는 질문조사권 또는 질문검사권에 근거하여 조사공무원이 납세자의 국세에 관한 정확한 과세표준과 세액을 결정 또는 경정하기 위하여 조사계획에 의해 세무조사 사전통지 또는 세무조사 통지를 실시한 후 납세자 또는 납세자와 거래가 있다고 인정되는 자 등을 상대로 질문하고, 장부·서류·물건 등을 검사·조사하거나 그 제출을 명하는 행위를 말하며, '국세기본법'과 '조세범 처벌절차법'에 따라 일반세무조사와 조세범칙조사로 구분한다."

이해가 가시나요? 저에게는 무척 어렵습니다. 이런 복잡한 설명은 크게 세 가지 특징을 가집니다. '전문 용어가 많고, 한자어가 많고, 마침표가 거의 없는 장문이다.' 이런 글은 일반인이 이해하기 어렵습니다.

그래서 저는 Chat GPT에 이 내용을 넣고 이렇게 지시했습니다. "세무조사에 대해 설명해줘. 그런데 너무 어려워. 초등학생도 이해할 수 있게 쉽고 짧게 설명해줘." 몇 초 후 GPT의 답변이 나왔습니다.

"세무조사는 정부가 세금을 제대로 내고 있는지 확인하기 위해 조사하는 일이에요. 세금을 정확하게 내고 있는지 알아보기 위해 세금을 내는 사람이나 그와 거래하는 사람에게 질문하거나, 장부나 서류 같은 것을 확인하는 과정이에요. 이 조사는 크게 두 가지로 나뉘는데, 하나는 보통 세금 검토를 위한 것이고, 다른 하나는 세금에 문제가 있다고 의심될 때 더 철저히 조사하는 경우예요."

이 설명은 확실히 처음보다 훨씬 이해가 쉽죠. 하지만 저는 만족하지 않았습니다. 다시 지시했습니다. "더 짧고 쉽게 3줄로." 이번엔 이렇게 답이 왔습니다.

"세무조사는 정부가 세금을 제대로 내고 있는지 확인하는 조사예요. 세금을 낸 사람에게 질문하거나 서류를 확인해요. 문제가 있으면 더 자세히 조사해요."

훨씬 더 간결해졌죠. 하지만 저는 다시 한 번 더 지시했습니다. "더 쉽게." 그리고 나온 답입니다.

"세무조사는 세금을 제대로 냈는지 확인하는 일이에요. 세금

낸 사람에게 물어보고, 서류를 살펴봐요. 문제가 있으면 더 자세히 조사해요." 이 정도면 이제 정말 이해하기 쉽죠?

국가법령정보센터의 설명이 틀렸다는 말이 아닙니다. 제가 말하고 싶은 것은 이제 정보에 접근하는 방식이 완전히 달라졌다는 겁니다. 우리는 이제 정보를 '역순'으로 습득할 수 있는 시대에 살고 있습니다. 예전에는 어려운 정보를 먼저 어떻게든 흡수한 후, 그 내용을 쉽게 풀어내는 과정이 필요했습니다. 하지만 이제는 반대로 할 수 있습니다. 처음부터 복잡한 정보를 쉽게 가공하고, 차츰 그 내용을 깊이 있게 이해해나가는 방식이 가능합니다. 이렇게 하면 이해하는 방식의 한계를 쉽게 극복해나갈 수 있습니다.

이와 같은 방식으로 상대성이론, 양자역학, 암호화폐, 경제 투자 용어, 역사적 사건 등 다양한 주제를 쉽게 배울 수 있습니다. 이는 정말 놀라운 혜택입니다. 과거의 학자들이 보면 눈물을 흘리며 부러워할 만한 기술이라고 생각합니다.

정보에 접근하는 방식이 완전히 달라졌습니다. 이제는 누구나 언제든지 복잡하고 어려운 개념을 쉽게 이해할 수 있습니다. 마음만 먹는다면 상대성이론, 양자역학, 암호화폐, 경제 투자 용어, 역사적 사건 등을 이해할 수 있는 도구가 내 손안에 있습니다.

과거에는 어려운 주제를 배우려면 수십 권의 책을 읽고, 그분야의 전문가에게 직접 지도를 받아야 했습니다. 하지만 이제는 LLM과 같은 프로그램을 통해 그 기간을 말할 수 없을 정도로 단축했습니다.

LLM을 활용한 방법은 공부라는 거대한 벽을 무너뜨리는 공성 전차가 되어주었습니다. 이 기술을 잘 활용하는 사람은 그렇지 않은 사람보다 훨씬 빠르게 지식을 습득할 것입니다.

이제 더 이상 "나는 전공자가 아니니까"라고 하며 포기할 이유가 없습니다. 노력하는 사람에게는 더할 나위 없이 유리한 환경이 만들어졌습니다. 이 기회를 활용해 더 많은 지식을 나의 것으로 만들고, 세상에서 앞서 나갈 수 있는 세상이 되었습니다. 우리는 그걸 만끽할 수 있습니다.

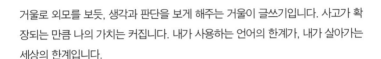

글을 쓰기:
글 쓰는 만큼 몸값이 올라간다

거울로 외모를 보듯, 생각과 판단을 보게 해주는 거울이 글쓰기입니다. 사고가 확장되는 만큼 나의 가치는 커집니다. 내가 사용하는 언어의 한계가, 내가 살아가는 세상의 한계입니다.

일기 쓰기

저는 여러분에게 진심으로 이렇게 말하고 싶습니다. "책을 읽고 글을 쓰는 만큼 몸값이 올라간다"라고요. 독서를 하며 동시에 글까지 쓰면 자신의 가치를 높이는 데 최고의 효과를 한껏 누릴 수 있습니다.

글을 쓴다는 건 단순히 필기를 하는 행위가 아닙니다. 사고를 정리하고, 생각을 다듬으며, 자신을 더 명확하게 표현하는 과정입니다. 그만큼 글을 잘 쓰는 사람은 자신의 가치를 더 명확하게 전달할 수 있습니다. 결과적으로 사회에서 더 높은 평가를 받게 됩니다.

"천리 길도 한 걸음부터"라는 말도 있듯이, 가장 먼저 추천드리는 것은 일기 쓰기입니다. 아주 기본적이면서도 효과적인 방법입니다. 글을 잘 쓰고 싶다면 우선 일상에서부터 글 쓰는 연습을 해야 합니다.

10년 동안 써왔던 일기의 흔적.
현재는 아이패드로 작성하고 있다.

저는 일기를 쓴 지 10년 이상이 되었습니다. 약 10년 동안은 거의 빠짐없이 작성해왔습니다. 지금은 이 외에도 글을 쓰는 일이 많아 일기를 쓰는 빈도가 줄었지만, 이전에는 나 자신과의 약속처럼 꾸준히 글을 써왔습니다.

몸값을 올리는 독서에는 숨은 공식이 있다

처음에 제 글쓰기 능력은 형편없었습니다. 문장을 구성하는 것도 서툴고, 매번 반복되는 말로만 되풀이했죠. 특히 초등학생 때 쓰던 일기처럼 단순한 내용을 적었습니다. 예를 들어 "오늘 날씨는 어땠다" "이런 일을 했다"와 같이 일상적인 사건들을 중심으로 기록했습니다. 물론 이런 글쓰기 방식이 잘못된 것은 아닙니다. 단순히 기록하는 것도 유의미한 글쓰기의 한 형태니까요. 하지만 시간이 지나면서 느끼게 된 것은, 단순 정보 전달 이상의 글쓰기가 필요하다는 것이었습니다. 왜냐하면 이런 단편적인 정보만으로는 제 자신의 감정과 사고를 발전시키는 데 한계가 있다는 것을 깨달았기 때문입니다.

이후 저는 다양한 방식으로 일기를 써 갔습니다. 저를 주인공으로 삼아 마치 소설처럼 일기를 써봤습니다. 그날의 일상을 "그 남자가 동네의 거리를 유유히 걷기 시작했다." 같은 소설의 문체로 바꾸어봤습니다. 저의 삶을 3자의 시선으로 서술하는 방식으로 연출하는 과정이 재미있었습니다. 그러다 보니 자연스럽게 글쓰기 스타일에도 변화가 생겼습니다. 보다 감정적인 묘사와 장면 연출을 하는 글쓰기 능력이 더해졌던 것입니다.

또 어떤 날에는 철학적으로 논증하는 방식으로 일기를 써보기도 했습니다. 내가 현재 관심을 두고 있는 주제에 대해 논문을 글을 썼습니다. 예를 들어 그날의 화두가 '친절'이었다면, 그 키워드를 중심으로 마치 논문을 쓰듯 '친절'이란 무엇이며, 왜 중요한 지에 대해 논리적으로 써 내려갔습니다. 이 과정에서 저의 사고력과 논리 전개 능력이 자연스럽게 발전했음을 느낄 수 있었습니다.

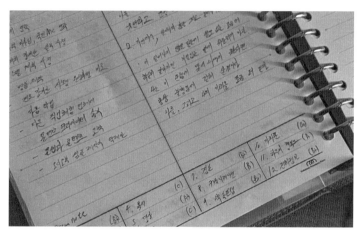

하루에 지켜야 할 것들을 점검했던 체크리스트

또 다른 방식으로 일기의 맨 하단에 체크리스트를 만들었습니다. 저는 성장하기 위해 스스로 점검해야 할 요소들을 나열했습니다. 이 체크리스트에는 그날 실천한 목표들이 포함되었고, 예를 들어 독서, 운동, 스피치 연습 같은 것들이 있었습니다. 하루를 마무리하며 각 항목을 평가했습니다.

몸값을 올리는 독서에는 숨은 공식이 있다

평가 방법은 간단했습니다. 내가 얼마나 성실하게 실천했는지를 A, B, C 등급으로 표시했습니다. 이 방법은 저의 자각 능력을 높이는 데 큰 도움이 되었습니다. 체크리스트를 사용하면서 스스로를 더 객관적으로 바라볼 수 있었고, 무엇을 더 개선해야 하는지 명확해졌습니다. 이 과정을 통해 일상의 습관들이 조금씩 개선되었고, 그 결과로 제 자신을 더 잘 관리할 수 있었습니다.

일기 쓰기의 가장 큰 장점은 짧은 시간만 투자해도 된다는 점입니다. 글쓰기에 대한 부담이 적어지죠. 일기를 쓸 때, 처음부터 많은 시간을 할애할 필요는 없습니다. 5분만 투자해도 충분합니다. 5분씩 일기를 써보면 점차 시간이 늘어나는 것을 경험할 수 있을 것입니다. 중요한 것은 꾸준히 써 나가는 것입니다. 처음에는 조금 힘들 수도 있으니, 3일만 해보십시오. 생각보다 수월하다는 것을 느끼게 될 겁니다. 이 과정에서 글쓰기 실력도 점차 향상될 것입니다.

그러면서 이때부터 독서의 필요성을 더 느끼실 겁니다. 글을 쓰다 보면 자신의 스타일의 한계를 느끼게 됩니다. 그러나 독서를 많이 한 사람은 나의 사유를 담아낼 수 있는 방법이 무수히 많다는 걸 알게 됩니다.

글을 잘 쓰려면, 많은 글을 체험해봐야 합니다. 독서와 글쓰기는 최고의 시너지를 만듭니다.

"언어의 한계가 세상의 한계다." 천재라 불리는 독일 철학자 비트겐슈타인의 말입니다. 우리가 이해할 수 있는 세계는 우리가 사용할 수 있는 언어에 달려 있다는 뜻입니다. 즉 자신이 사용할 수 있는 언어의 범위가 곧 자신이 볼 수 있는 세상의 범위라는 것입니다.

저는 이 언어관이 무척 마음에 듭니다. 언어는 단순한 도구가 아닙니다. 우리의 사고와 경험을 형성하고, 그 한계가 곧 우리 세계의 한계라는 것을 일깨워줍니다. 어휘가 중요한 이유도 여기에 있습니다. 단순히 언어를 나열하는 게 아니라, 생각의 경계를 확장하고 더 넓은 세계를 경험할 수 있게 하는 것입니다.

글을 쓰며 안 써봤던 표현들을 시도해보세요. 삶을 살아가며 자신이 얼마나 제한적인 언어만 사용하고 있었는지 깨닫게 됩니다. 일상적으로 사람들과 나누는 대화는 매우 기계적일 수 있습니다. 우리는 대개 허용된 범위 내에서만 대화를 나눕니다. 이 과정에서 자신의 깊은 생각이나 감정을 창의적으로 표현할 기회를 거의 갖지 못합니다. 이런 대화들은 개성이 생기기 어려운 환경을 만듭니다. 같은 언어를 사용하고 같은 틀 안에서 대화하기 때문에 결국 타인과 비슷한 표현을 하게 됩니다.

어휘의 중요성을 더욱 실감하게 된 계기는 시를 읽기 시작하면서부터입니다. 솔직히 말하자면, 죽을 때까지 시는 읽지 않을 거라고 생각했던 적도 있습니다. 그런데 어느 순간, 시가 찾아오는 시기가 있더군요.

시를 읽기 전까지는 논증 위주의 글, 즉 결론이 명확하고 사실적인 텍스트에만 흥미를 느꼈습니다. 그러다 보니 처음에는 시가 너무 무의미해보였습니다. 결론도 없고, 맥락도 없는 것 같았습니다. 그런데 시의 매력을 알게 되면서 제가 생각한 것은 달라졌습니다. 시는 그 자체로 형식과 규칙에서 벗어난 자유로운 표현의 도구였죠. 그것은 마치 한 화가가 자신만의 세계를 캔버스에 그리듯, 또는 무용수가 음악에 맞춰 즉흥적으로 춤을 추듯, 시는 무한히 자유로운 표현을 가능하게 해주었습니다. 그것은 저에게 매우 충격적인 경험이었습니다. 그동안 일상적인 언어의 틀 안에 갇혀 있던 제 자신을 깨우는 경험이었죠.

시를 읽으면서 문장 하나하나가 가져다주는 미묘한 감정과 생각들을 받아들이게 되었습니다. 글쓰기와 언어는 결국 우리가 세상을 이해하는 방식이었고, 시를 읽고 쓰면서 그 언어의 한계를 넓히는 연습을 하게 되었습니다.

제가 가장 많은 도움을 받은 방식들을 공유해보겠습니다. 첫 번째는 '편집하기'입니다. 먼저 마음에 드는 시 구절이나 문장을 찾고, 그 문장을 본인의 스타일로 재편집하는 것이 핵심입니다. 예를 들어 '어제도 길을 돌았습니다. 아픔이 낫지 않았기에. 슬픈 눈을 가진 나는, 제일 먼저 기억을 지우려 했습니다.'라는 구절이 있다고 가정해봅시다. 이런 문장을 접했을 때, 우선 감탄하는 것이 중요합니다. '어떻게 이런 표현을 생각해냈을까?'를 고민하면서, 그 언어의 깊이를 느껴야 합니다.

그 다음으로는 이 문장을 자신만의 스타일로 바꾸는 작업입니다. 예를 들어, '어제도 길을 돌았습니다.'라는 구절을 '오늘도 발길을 멈춰 섭니다.'로 바꿔보는 방식이죠. 여기서는 '어제'를 '오늘'로, '길을 돌다'를 '발길을 멈춰 서다'로 바꿨습니다. 이렇게 단순한 변화를 주는 것만으로도 문장의 느낌이 달라지죠. 또한 '슬픈 눈을 가진 나는'이라는 표현을 보고 외롭고 쓸쓸한 감정이 떠올랐고, 여기서 '이방인'이라는 단어가 생각났습니다. 알베르 카뮈의 『이방인』을 감명 깊게 읽은 기억이 있거든요. 그래서 이 구절을 '서글픈 이방인이'로 변경해보았습니다. 그래서 종합적으로 써보자면 "오늘도 발길을 멈춰 섭니다. 아픔이 낫지 않았기에. 서글픈 이방인인 나는, 제일 먼저 기억을 지우려 했습니다." 이렇게 저의 스타일로 글을 편집할 수 있겠죠.

이처럼 문장을 다듬어가는 과정은 단순히 단어를 바꾸는 것이 아니라, 자신만의 경험과 생각을 녹여내는 작업입니다. 문장을 읽고 떠오르는 감정과 연관된 표현을 찾고, 그 속에 내면의 이야기를 담아보는 것이 중요합니다.

다른 예로 '연한 손길이 느껴졌다'라는 표현을 생각해보죠. 이를 응용해보는 겁니다. 저는 '연한'이라는 글자가 마음에 들었습니다. 자주 사용하지 않는 표현이었거든요. 이 표현과 연결할 수 있을 만한 참신한 단어로 '바람'이 떠올랐습니다. 우리는 흔히 '선선한 바람, 찬 바람'이라는 표현을 많이 씁니다. 그런데 여기에 '연한 바람'이라고 하니 감정선이 확 바뀝니다. 그리고 이와 잘 어울릴 것 같은 '밤'이라는 배경을 넣어 '밤거리에는 연한 바람이 붑니다.'라고 응용했습니다. 이렇게 무생물에도 생명력을 부여하는 게 시적 표현의 힘입니다.

이런 과정들을 겪으면 일상에서도 어휘가 자연스럽게 풍부해집니다. 예를 들어 선물을 받았을 때 "와, 진짜 너무 너무 고마워요. 완전 감동이에요 진짜" 이렇게도 표현할 수 있지만, "덕분에 선물의 의미를 알 것 같아요. 아주 작은 정성으로 하루를 행복하게 해줄 수 있다는 걸 느껴요. 진심으로 고맙습니다"라고 표현해볼 수도 있습니다.

말보다 글에서는 더 깊고 다채로운 감정을 전달할 수 있습니다. 그래서 예로부터 마음을 깊이 전하고 싶을 때는 직접 말하기보다 편지를 썼던 것입니다. 이렇게 글쓰기를 통해 본인의 어휘를 더 풍요롭게 확장시킬 수 있습니다.

이 방법 역시 GPT와 같은 LLM 프로그램을 쓴다면 도움을 받을 수 있습니다. 좋아하는 시인이 있다면 예를 들어 "윤동주 시인 같은 문체로 글을 바꿔줘"라고 할 수도 있고, 글 자체를 조금 더 다듬고 싶다면 "이 글을 시적인 표현으로 만들어줘"라고 지시하면 많은 도움을 받을 수 있을 겁니다.

두 번째로 추천할 방법은 '필사'입니다. 흔히 알려진 방법이지만, 효과는 의외로 매우 강력합니다. 이유는 간단합니다. 단순히 읽는 것과 직접 손으로 써보는 것은 완전히 다릅니다. 필사를 통해 문장 구조와 어휘 선택을 몸으로 느끼게 됩니다. 자연스럽게 표현력이 늘어나게 됩니다.

저는 주로 국내에서는 허수경, 기형도 시인 그리고 법정 스님의 글에 영향을 받았고, 해외 작가 중에서는 니체와 오쇼의 문체를 필사하면서 큰 영감을 받았습니다. 처음 이들의 글을 보았을 때는 문체를 흉내 내고 싶었지만, 도저히 그 수준에 미치지 못해 고민했습니다. 그래서 방법을 찾다 가장 단순한 방법인 필사를 시작하게 되었습니다. 그러니 점차 그들의 문체와 어휘 선택을 몸으로 체득할 수 있었습니다. 이 과정을 통해 자연스럽게 어휘와 문장 구성 능력이 향상되었습니다. 제가 가지지 못했던 그들의 고요하면서도 강렬한 은유적 표현, 직관적이면서 힘 있는 글쓰기를 배웠습니다. 이처럼 필사는 단순히 글을 그대로 따라 쓰는 것을 넘어서, 그 작가의 사유와 표현을 내 몸에 익히는 과정입니다.

                                              독서한 내용으로 논증하기
_____

논리적 글쓰기 실력을 늘렸던 방법입니다. 독서한 내용을 논증하는 방식으로 쓰기도 했습니다. 단순히 주장을 펼치는 것이 아니라, 논리적이고 체계적인 근거를 바탕으로 상대방을 설득하는 과정을 연습했습니다.

이 과정에서 저는 특히 토드 벅홀츠의 『죽은 경제학자의 살아 있는 아이디어』와 마키아벨리의 『군주론』을 바탕으로 효과적인 논증 연습을 했던 기억이 생생하게 납니다. 책에 나온 거대한 영감들과 정보를 바탕으로 저의 논리를 구축해 재구성하는 시간을 가졌습니다.

이 과정을 반복하다 보면 자연스럽게 자료를 찾는 능력이 향상합니다. 자신의 주장에 대한 신뢰성을 확보해야 하기 때문에, 관련 자료를 찾아 읽고 정리하는 과정이 필수적으로 수반됩니다. 이로 인해 정보의 폭이 더 넓어졌고, 사고 능력도 확장되었습니다.

예를 들어 경제학에 대한 논증을 할 때는 단순히 한 경제학자의 이론만을 설명하는 것이 아니라, 그 이론이 실생활에서 어떻게 적용 가능한지를 제시했습니다. 그러다 보니 다른 학자들의 의견은 무엇인지도 말하게 되고, 그 이론들이 가진 한계점과 우리가 나아가야 할 방향을 꼼꼼히 따져보며 적게 되었습니다.

이러한 논증적인 글쓰기 연습은 사회생활에서도 큰 도움이 됩니다. 현대 사회에서는 자신의 의견을 논리적으로 전해야 할 상황이 많습니다. 회의에서 발표를 하거나, 보고서를 작성하거나, 상사나 동료와의 대화에서 의견을 설득력 있게 전달해야 할 때 말입니다. 그럴 때 논증하는 능력이 있으면 훨씬 더 자신감 있게 자신의 주장을 펼칠 수 있습니다. 또한 논리적으로 구성된 주장은 상대방이 쉽게 반박할 수 없기 때문에, 설득의 힘이 더욱 커집니다. 이는 곧 업무 능력의 향상으로 이어집니다.

결론적으로, 논증하기는 사고력과 판단력을 키우는 데 매우 효과적인 훈련입니다. 책을 읽고 그 내용을 논리적으로 정리하는 과정을 거쳐보기 바랍니다. 그럴수록 우리의 가치는 더욱 높아질 겁니다.

창작하기:
가장 완벽한 훈련은 '창작자 되기'

우리는 어느 순간 노는 법을 잊어버렸습니다. 먹고, 마시기를 즐기는 사람, 사랑할 줄 아는 사람은 타인을 행복하게 하는 능력이 있습니다. 창의적인 당신이 가진 세상을 다른 사람에게 보여주세요.

다시 한 번 호모 루덴스를 기억하자

다시 한 번 호모 루덴스를 기억해야 합니다. '노는 인간'을 뜻한다 했죠. 인간은 창의적인 활동을 할 때 그 능력이 극대화된다고 말합니다.

저는 많은 사람에게 유튜브를 시작해보길 적극적으로 추천합니다. 굳이 유명한 인플루언서가 되거나 큰 비즈니스를 하려는 목적이 아니어도 됩니다. 유튜브를 추천하는 중요한 이유는 대중에게 나를 표현하는 법을 배울 수 있다는 점입니다. 또한 대중의 마음을 움직이는 법을 배워 체득하게 됩니다. 이는 하루빨리 시작해야 할 능력입니다. 사람의 마음을 얻는다는 건 인생에서 가장 중요한 능력 중 하나입니다.

처음 유튜브에 영상을 올릴 때 두려움을 많이 느꼈습니다. 맨처음 올린 영상을 기억합니다. 심혈을 기울여 한 달 동안 촬영하고 편집까지 했습니다. 사소한 디테일 하나까지 신경 썼습니다. 왜 그렇게 열심히 했을까요? 물론 좋은 영상을 만들고 싶은 욕구도 있었겠지만, 대중의 비판이 두려워서였던 이유가 더 큽니다. 열심히 만든 영상이 부정적인 반응을 받을까 봐 걱정했기 때문입니다. 그러나 놀랍게도 조회수는 100회도 채 넘지 않았습니다. 처음엔 당황스럽고 실망스러웠지만, 이 과정을 통해 깨달은 것이 있습니다. 대중의 마음을 얻는 것은 결코 쉬운 일이 아니라는 것을 말입니다.

콘텐츠 제작의 어려움은 실제로 해보기 전까지는 모릅니다. 방송에서 보이는 사람들, 유튜버들, 인플루언서들이 얼마나 많은 노력을 기울이는지 체감하지 못할 겁니다. 그래서 저는 직접 콘텐츠를 제작해보는 것을 권장합니다. 대중의 마음을 얻는 기술은 여러 분야에서 중요한 역할을 합니다.

콘텐츠의 핵심은 기획입니다. 타고난 매력을 발휘하는 사람과 동등한 위치에서 경쟁할 수 있는 가장 강력한 무기가 바로 기획력입니다. 그렇다면 기획력은 어디에서 나올까요? 사고력, 판단력, 창의력입니다. 이러한 능력을 기르기 위한 방법은 무엇일까요? 독서입니다. 양질의 독서를 통해 우리는 창의력과 사고, 판단력을 기를 수 있습니다. 독서를 통해 그런 인풋을 얻은 후 콘텐츠 제작이라는 아웃풋 작업까지 한다면 어떨까요? 자신의 무궁무진한 잠재력을 발견할 수 있게 됩니다.

특히 창의력은 기획의 핵심이죠. 창의력을 키우기 위해 인간의 본성을 다루는 책들과, 기획법에 관한 책들에서 많은 도움을 받았습니다. 인간 본성에 관해서는 진화심리학, 인지과학, 뇌과학, 철학과 같은 분야의 책을 읽어 나갔습니다. 이러한 책들을 통해 자연스럽게 인간의 사고방식과 반응 패턴을 이해하게 되었습니다. 사람들은 무엇에 흥미를 느끼고, 어떻게 반응하는지 알게 된 거죠.

기획법에 관한 책 중에서는 카피라이팅과 스토리텔링 작품들이 특히 유용했습니다. 그 책들을 통해, 같은 주제를 가지고도 시청자에게 필요성을 느끼게 만드는 방법을 배웠습니다. 어떻게 하면 더 많은 사람들이 나의 콘텐츠에 관심을 가질 수 있을까, 어떤 메시지를 전달해야 대중의 공감을 얻을 수 있을까에 대한 깊은 고민을 하게 되었습니다.

예를 들어보겠습니다. 저는 콘텐츠를 기획할 때 철저하게 인간

본성에 대한 이해를 바탕으로 전략을 세웁니다. 사람들은 본능적으로 자신의 관심사와 직접적으로 연관된 것에 더 큰 흥미를 보입니다. 카피라이팅 책을 통해 짧고 강력한 문구를 쓰는 법을 배웠고, 스토리텔링 책을 통해 어떻게 이야기를 풀어가야 시청자들이 몰입할 수 있는지를 터득했습니다. 결국 독서를 통해 사람의 마음을 얻는 법을 배우게 된 것입니다. 이는 제 인생에서 가장 중요한 능력을 얻었다 해도 과언이 아닙니다.

그러므로 독서를 통해 몸값을 높이고 싶다면 콘텐츠를 만들어 보기 바랍니다. 유튜브, 틱톡, 인스타그램, 블로그 등등 플랫폼은 뭐든지 상관없습니다. 플랫폼은 중요하지 않습니다. 사람이 몰려 있는 곳에 다가가세요. 그리고 그들의 마음을 얻어보세요. 그러면 알게 될 것입니다. 사람의 마음을 움직이는 만큼, 그의 몸값이 달라진다는 것을 말입니다. 연봉이 달라집니다.

———— 카피라이팅과 스토리텔링

기업가이자 뉴욕대학교 스턴 경영대학원 교수인 스콜 갤러웨이가 CNBC Make It의 인터뷰에서 이런 말을 했다고 합니다. "열세 살, 열여섯 살인 저의 아이들에게, 시간이 흘러도 변치 않는 힘을 하나 주고 싶다면, 그건 스토리텔링 능력입니다."

그는 AI 시대에 어떤 기술이든 중요한 역량이 될 수 있지만, 특히 스토리텔링과 같은 인간적인 능력은 그 어떤 도구로도 대체하기 어려운 강력한 무기임을 강조합니다. 스콧 갤러웨이 교수뿐 아니라 현재 많은 기업가들이 스토리텔링의 중요성에 대해 강조하고 있습니다.

카피라이팅과 스토리텔링은 창의적인 작업에서 기본적이면서도 필수적인 요소입니다. 현대사회는 정보가 넘쳐나는 시대입니다. 정보의 바다 속에서 사람들이 어떤 요인으로 판단하고 결정할까요? 그것은 바로 '감정'입니다.

신경과학 및 협상 전문가들에 따르면, 인간은 대부분의 결정을 감정적으로 내리고, 그 후 이성적으로 그 결정을 합리화한다고 합니다. 우리는 이성적인 판단보다는 감정에 따라 행동하는 경향이 크다고 하는 거죠.

우리 뇌에는 편도체가 있습니다. 편도체는 중요한 감정 처리와 생존 반응을 담당하는 뇌의 부분으로, 인간이 느끼는 다양하고 강렬한 감정을 경험하는 데 중요한 역할을 합니다. 공포, 기쁨, 분노 같은 것들 말입니다. 감정은 원초적이고 강렬한 특징을 가졌습니다. 우리의 예상보다 합리성이 떨어집니다. 이런 인간의 '감정'의 특징을 잘 이해해야 살아남는 영역이 있습니다. 그것은 다름 아닌 '콘텐츠 제작'입니다.

콘텐츠 제작자는 사람들의 감정을 자극할 수 있는 능력을 키워야 합니다. 감정은 그 어떤 논리적인 설명보다 더 강력한 행동의 원동력이 될 수 있습니다. 사람의 감정을 움직이는 콘텐츠는 많은 이에게 관심을 받습니다. 그리고 한 번 감정적으로 이끌린 사람은 해당 콘텐츠에 지속적으로 관심을 가질 확률이 더 높아집니다.

사람의 마음을 움직이는 것, 이것은 앞으로의 시대에 가장 중요한 무기입니다. 그리고 그걸 키울 수 있는 훈련 도구가 독서입니다. 그중에서도 가장 추천하는 건 '카피라이팅'과 '스토리텔링' 책들입니다. 과거에는 이 능력들이 콘텐츠 제작, 마케팅, 브랜딩, 커뮤니케이션, 스피치 같은 분야에서만 사용된 경향이 있었는데요, 지금은 어떤 분야든 필수적인 역량으로 바뀌고 있습니다. 모든 비즈니스에 핵심 무기가 되며, 심지어 더 발전적인 인간관계에서도 많은 도움을 줍니다.

결국 AI 시대에 살아남기 위한 중요한 핵심역량은 결코 기술 그 자체가 아닙니다. 기술은 발전하고 변할 수 있지만, 인간의 감정을 이해하고 그 감정을 움직일 수 있는 능력은 영원히 유효할 것입니다.

10년이 지나도 기억에 남게 하는 법

"메탈에도 영혼이 있다면… 단언컨대 메탈은 가장 완벽한 물질입니다." 2013년의 팬택 베가 아이언 광고를 기억나시나요? 이병헌 씨가 내레이션 해서 무척 유명해진 작품이죠.

벌써 10년이 넘었습니다. 하지만 사람들은 아직도 그 문구를 기억합니다. '그 제품이 뭐였지? 그 제품의 사양은 어떻게 됐지?' 이런 기억은 떠오르지 않지만, "단언컨대 메탈은 가장 완벽한 물질입니다"는 강렬하게 떠오르죠. 바로 이것이 카피라이팅의 힘입니다.

만약 이 광고를 제품의 특징을 상세하게 설명하는 쪽으로만 만들었다면 어땠을까요? "이번 베가 아이언은 강력한 금속 프레임으로 제작되었으며, 메탈 소재를 사용한 만큼 높은 내구성과 견고함을 자랑하는데요…." 채널을 돌릴 겁니다. 많은 이의 눈길을 끌지 못할 것입니다. 휴대폰의 내구성에 대해 강렬히 관심을 가진 타깃층이 아니라면 대부분 중요한 내용이 아니라고 생각하며 기억에서 지웁니다.

이 광고 문구도 기억나시나요? "여러분, 부자되세요~" 2002년 BC카드 CF의 카피입니다. 저와 같이 이 광고를 본 사람이라면 아직도 기억할 것입니다. 눈 내리는 마을에서 빨간색 스웨터와 장갑을 끼고, 하얀색 모자를 쓴 여성이 외치는 장면 말입니다. 이후 남자 성우가 "당신의 경제를 생각하는 BC카드입니다"라고 하며 마무리되죠. 정말 선풍적인 인기를 끌었던 작품입니다. 이 광고의 성공 요인 역시 감정을 뒤흔든 덕분이라고 콘텐츠 기획 전문가들은 분석합니다. 당시 전국민이 알 정도로 유명한 장면인 영화 〈러브레터〉의 "오겡끼데스까?"를 연상시켜 몽글몽글한 감성을 자극했습니다. 또한 1997~2001년까지 이어진 IMF가 끝난 시점이기에, 새로운 21세기 시작과 함께 경제적 희망을 꿈꾸게 하는 감정을 이끌었다고 합니다.

그런데 이 광고를 만약 카드사 직원이 나와서 "이번 BC카드는 다양한 혜택을 제공합니다. 전국 주요 가맹점에서 많은 할인을 받을 수 있으며 마트, 주유소, 영화관 등에 가보시면…" 이렇게 설명했다면 어떻겠습니까. 강렬하지가 않죠. 이 역시 카피라이팅의 힘입니다. 사람의 감정을 뒤흔드는 것이 얼마나 중요한지를 알 수 있습니다.

저도 처음에는 카피라이팅 능력을 키우는 게 어려웠습니다. 독서를 통해 능력을 많이 향상시켰는데요, 오하시 가즈요시의 『다 팔아버리는 백억짜리 카피 대전』, 간다 마사노리의 『무조건 팔리는 카피 단어장』, 칩 히스의 『스틱』, 장문정의 『팔지 마라 사게 하라』 같은 책에서 많은 도움을 받았습니다.

인간은 기억의 동물이다

다음은 스토리텔링입니다. 제가 좋아하는 뇌과학자가 팟캐스트에서 이런 말을 했습니다. "인간은 기억의 동물이라 해도 과언이 아니다." 그분의 말에 따르면 인간은 다른 동물보다 기억할 수 있는 길이가 압도적으로 길다고 합니다.

왜 우리도 문득 예전 어릴 적의 추억에 잠길 때가 있잖아요, 벌써 몇십 년이 지난 과거인데도 불구하고 눈앞에 선명히 보입니다. 법정 스님도 돌아가시기 전 팥죽을 먹고 싶다고 하셨다는데, 이것 또한 과거의 기억에서 비롯된 행동이라고 합니다. 무려 60~70년이 지난 과거를 떠올리며 그때와 다시 가까워지고 싶어 하는 마음이 드는 것, 그런 면을 봤을 때 "인간은 기억의 동물이다"라는 말은 크게 틀리지 않은 것 같습니다.

바로 이 지점에서 스토리텔링의 힘을 알 수가 있습니다. 개인의 삶에서는 몇십 년, 인류의 역사에서는 몇천 년이 지난 사건도 생생하게 뇌에 간직할 수 있게 하는 힘이 스토리입니다. 일상의 예시를 들면 더 이해가 갈 겁니다.

여러분 학창시절에 배운 '비문학 지문 읽기, 조선의 4대 사화, 한반도 지리의 특성' 이런 게 기억나시나요? 잘 안 나죠. 반면에 이건 어떻습니까. 수업 도중 놀고 싶어 선생님에게 첫사랑 이야기를 들려달라고 하고, 방과 후엔 친구들과 가고 싶던 음식점에 가서 맛있게 먹었던 순간, 그리고 내가 좋아했던 사람에게 고백할 때 느꼈던 그 설렘 등과 같은 건 모두 기억에 남지 않습니까. 그날의 냄새, 피부의 감촉, 친구들과 떠들던 목소리까지 생생하게 기억납니다. 여담이지만 고등학교 1학년 시절, 가장 가깝고 사랑했던 친구가 본인의 선택으로 생을 마감했습니다. 십수 년이 지났지만 아직 그 친구의 얼굴, 목소리, 말투, 심지어 전화번호까지 기억합니다. 현재의 내 마음에, 과거는 아직도 살아 숨 쉬고 있습니다.

붓다의 위대한 가르침 중 대표적인 교리가 '사성제'입니다. 네 가지의 성스러운 진리를 뜻하는데요, 그중 첫 번째 진리를 고성제(苦聖諦)라 합니다. 고성제란 고통의 진리를 말하며, 인간은 고통을 피할 수 없기 때문에 반드시 괴로워진다는 겁니다. 이 세상에는 생로병사가 있기 때문이라고 하죠. 생겨나면 반드시 늙고, 병들고, 죽기 때문에 인간은 고통의 바다에서 허우적거릴 수밖에 없다고 합니다.

나를 환희롭게 만들 수도 있고, 슬픔에 잠식되게 할 수도 있는 게 '기억'입니다. 그리고 이런 기억을 시간별로 나열해 이야기를 만드는 것이 '스토리텔링'입니다.

저는 스토리텔링의 구조를 깨닫고 너무 큰 이득을 누렸습니다. 논리보다 강력할 수 있는 감정을 다룬 설득법을 알게 되었고, 그로 인해 우리네 살아가는 사람들의 수많은 감정들을 헤아리게 되었습니다. 사업에 실패했을 때 느꼈을 아버지의 고통, 10년 만난 애인과 헤어지게 된 친구의 아픔, 자신들을 똑 닮은 아이를 낳은 선배의 기쁨, 목표를 반드시 이루기 위해 하루를 힘차게 살아가는 수강생 분의 열정까지. 이로 인해 제 안의 감정의 세상은 말할 수 없이 거대해졌습니다.

이런 과정을 만들어준 것도 독서였습니다. 스토리텔링에 많은 영향을 받았던 책으로는 호메로스의 『일리아스』와 『오디세이아』, 블레이크 스나이더의 『Save the Cat』, 매튜 룬의 『픽사 스토리텔링』, 그리고 도널드 밀러의 『무기가 되는 스토리』가 있었습니다. 언급한 작품 말고도 다른 많은 책 그리고 특히 광고와 영화를 보면서 큰 영감을 받았습니다. 기억에 남는 광고는 벤츠의 'Snow Date', 애플의 'Apple 2013 christmas commercial', 토요타의 'Loving Eyes Toyota Safety Sense', 일본 리크루트의 '모든 인생은 훌륭하다' 등이 있습니다. 특히 시나리오 극작법에 관한 책들을 읽다 보면 자연스럽게 광고와 특히 영화의 스토리텔링에 집중하게 됩니다. 이런 과정이 쌓이면 자동으로 스토리텔링의 능력을 키울 수 있습니다.

여러분이 가진 위대한 생각을 타인에게 표출해보세요. 내가 느긴 경이로운 감동을 다른 이도 느낄 수 있도록 표현해보세요. 나의 감정이 타인과 가까워질수록 세상의 연결성이 확장됨을 느낄 겁니다. 그리고 나라는 사람이 세상에서 더 가치 있는 인물이 되어 가는 것을 발견하게 될 겁니다. 그러다 보면 자연스럽게 우리의 몸값은 올라갑니다.

몸값을 올리는 독서에는 숨은 공식이 있다

CHAPTER 3

독서로 바뀐 인생의
다섯 가지 소중한 관점

문을 나서지 않아도
천하를 알 수 있다

독서는 단순히 정보를 얻는 수단을 넘어서는 매우 강력한 도구입니다. 독서의 효능은 단순히 많은 지식을 쌓는 것에서 그치지 않죠. 독서는 우리 삶의 모든 면을 근본적으로 변화시킵니다. 독서를 통해 우리는 새로운 세상을 바라볼 수 있는 눈을 가지게 되고, 보다 깊은 통찰을 얻을 수 있는 기회를 누리게 됩니다.

저도 독서를 통해 삶의 많은 부분이 변화되었습니다. 다양한 분야의 책을 읽으면서 생각의 폭이 넓어졌죠. 관점이 크게 달라졌습니다. 마치 대한민국의 어느 작은 시골에만 살던 이가, 세계 여러 곳을 여행하고 다양한 체험을 하며 변한 기분이랄까요.

저는 사람의 성장을 위해 가장 중요한 것 중 또 하나가 여행이라고 생각합니다. 새로운 환경에 몸을 담그며 다양한 문화와 사고방식을 키웁니다. 그동안 느껴보지 못한 창의적인 영감을 자극하고요. 직접 경험하며 느끼는 강렬한 감정에서 실제 삶의 기반이 될 만한 깊은 깨달음을 얻습니다. 하지만 여행은 매일 갈 수 없죠. 시간과 돈이 필요합니다. 대부분 직장이나 학업에 묶여 있는데 매번 장기적인 휴가를 낼 수도 없을 겁니다. 게다가 가족이 있다면 그들을 두고 홀로 떠나는 것은 무척 어려운 일입니다.

그래서 독서의 가치가 더 소중하게 다가옵니다. 여행을 통해 누릴 수 있는 것과 같이 우리에게 새로운 세계를 열어줍니다. 다양한 문화를 접하고, 강렬한 사건을 경험하며, 다른 이의 삶을 간접적으로 체험할 수 있습니다. 훌륭한 저자와의 대화를 통해 우리의 상상력과 지적 풍요를 확장시켜, 지금 이 공간에서도 세계를 탐험할 수 있는 기회를 제공합니다.

동양의 고전 철학자 노자는 이런 말을 합니다. "불출호, 이지천하(不出戶, 以知天下)" 이 뜻이 무엇이냐면요. "문을 나서지 않아도 천하를 알 수 있다."라는 말입니다. 물론, 노자가 말한 취지는 달랐습니다. 책을 읽으라는 의미로 한 말은 아닙니다. 자연의 법칙을 관찰하고 내 안에서 깨닫는 진리를 보라는 의미로 강조했죠. 그러나 저는 이 말을 현대적인 관점에서, 독서를 통한 배움으로 확장해보고 싶습니다.

직접적인 경험은 무척 큰 가르침을 주지만, 꼭 발로 직접 돌아다녀야만 하는 게 아닙니다. 물리적으로 닿을 수 없는 곳으로 데려가고, 수백 년 전에 살았던 사람들과 대화를 나누게 해주는 것, 바로 그것이 독서입니다. 수많은 시대와 문화를 넘나들며 세상을 이해할 수 있는 창을 열어주는 힘, 독서! 저는 책을 통해 전에 없던 시야를 얻을 수 있었습니다. 우리는 독서를 통해 직업적 성장뿐만 아니라, 자신의 진정한 가치를 추구하는 삶으로 성큼 나아갈 수 있습니다.

내가 좋아하는 일을
할 수 있게 된다

아는 만큼 보이고, 보이는 만큼 성장합니다. 우리는 생각보다 세상에 대한 호기심이 깊습니다. 독서는 우리의 이런 본성을 키워줍니다. 더 넓은 시야를 가지게 하는 무기가 독서입니다.

호기심도 훈련된다

많은 사람들이 "좋아하는 일을 하라"는 말을 듣습니다. 하지만 막상 자신이 무엇을 좋아하는지조차 모르는 경우도 많습니다. 그 이유는 간단합니다. 세상에 대한 풍부한 정보와 개념이 없기 때문입니다.

신선한 재료가 있어야 맛있는 음식을 만들 수 있죠. 정교한 자재가 있어야 견고한 건물을 지을 수 있습니다. 이처럼 '좋아하는 일'을 선택하기 위해서도 많은 정보가 필요합니다.

독서로 바뀐 인생의 다섯 가지 소중한 관점

음악을 전공했을 때가 떠오릅니다. 그때는 세상에 대한 호기심이 없었습니다. '음악'이라는 하나의 목표에만 몰두했습니다. 오직 숭고한 예술가가 되어야 한다는 생각에만 갇혔습니다. 음악가로서 살아가려면 오직 그 길만이 유일한 길이라고 여겨졌으니까요. 그래서 그때는 그 어떤 다른 가능성도 눈에 들어오지 않았습니다. 모든 꿈과 열정이 단 하나의 길로 수렴되었습니다.

지금의 저와 과거의 저의 가장 큰 차이입니다. 돌아보면 아쉽습니다. 그때 더 많은 분야에 대한 호기심을 가졌더라면 어땠을까 가끔씩 생각합니다. 아마 음악을 다양한 분야와 접목시켜서 창의적인 방향으로 나아갈 수 있었을 겁니다. 다른 예술과 연결할 수도 있고요. 음악을 통한 비즈니스도 생각할 수 있습니다. 또는 다양한 분야의 첨단 기술을 접목해 더 경쟁력 있는 사람이 될 수 있었겠죠.

안타깝게도 그 시절에는 그저 음악이라는 한 가지의 틀 안에 갇혀 있었습니다. 음악은 고매한 예술이며, 오직 그 길만을 가야 한다고 생각했습니다. 하나에만 집착하면 다양함에 대한 호기심이 사라집니다. 특정한 분야나 목표에만 집중하면 좁은 시야에서 벗어나기 어렵습니다.

이 시점에서 독서의 효과가 중요하게 다가옵니다. 독서는 단순히 지식을 쌓는 수단이 아닙니다. 경험하지 못한 세계를 만나는 통로가 되어주죠. 독서를 하며 가장 놀랐던 게 있습니다. 제가 생각보다 다양한 분야에 관심이 있다는 겁니다. 여러 분야의 책을 읽으면서 새로운 세상들을 접하게 되었고, 그 과정에서 '내가 이런 것도 좋아하네?' 하며 깨닫는 경험을 자주 했습니다.

저는 미술사에 대한 책을 읽으며 미학에 깊은 흥미를 느끼게 되었습니다. 단순히 예술 작품을 감상하는 데서 그치지 않고, 미학적 개념과 예술의 역사에 대해 더 알고 싶어졌습니다. 그래서 이때 한참 전시회를 보러 많이 갔습니다. 미술이 단순한 그림의 의미를 넘어 그 이상으로, 나의 철학적 깊이를 넓혀주는 도구임을 알게 되었습니다.

또한 건축에 관한 책을 읽을 때가 있었습니다. 공간이 인간의 정서에 끼치는 영향에 대해 깊이 공감하게 되었습니다. 건물을 설계하고 짓는 것은 상상 이상의 의미를 담고 있었습니다. 게다가 건축물에 담긴 디자인을 봄으로써 예술성도 키워졌습니다. 사람들의 라이프 스타일을 만족시키기 위한 건축가의 기획 의도를 볼 때마다, 그들의 섬세함과 인류애를 느낄 때도 있었습니다.

디자인에 관련된 책도 읽었을 때는 특히 타이포그래피와 컬러에 대해 새로운 흥미를 느꼈습니다. 유튜브 콘텐츠를 제작하고, 개인 비즈니스를 운영하다 보니 디자인이 중요하다는 걸 알고 있었습니다. 이에 관해 책으로 도움을 많이 받았습니다. 글꼴에

독서로 바뀐 인생의 다섯 가지 소중한 관점

따른 느낌의 차이와, 컬러 조합을 통해 브랜드의 정체성을 만들어가는 과정을 보면서, '나도 언젠가 더 큰 일을 하게 되면, 이 정도로 디테일한 작업이 필요한 날이 있을 거야' 하면서 꿈을 꾸기도 했습니다.

업무와 관련된 책을 읽으면서는 업무 시스템, 효율적인 방법론에 대해 많이 배웠습니다. 같은 일도 더 빠르고 효율적이게 처리하는 방식을 배워 삶의 질이 높아졌습니다. 다양한 업무 툴과 전략을 배우다 보니 다른 영역으로도 확장해 나가며 발전하게 되었습니다. 이런 과정을 겪다 보니 생각했습니다. '나는 정말 음악을 하고 싶었던 걸까? 아니면 그때 내 눈에 보인 것이 음악밖에 없던 걸까?' 우리는 생각보다 더 깊은 세상을 향한 호기심을 가지고 있을지도 모릅니다. 세상에 대해 궁금해하는 우리의 본성을 독서가 도와줄 수 있습니다. 알지 못했던 세상을 만나는 것, 더 나은 인생을 살기 위해 반드시 필요한 과정입니다.

_____　　　　　　창의적인 사람은 자신의 것을 만든다

독서를 하면 시스템에 속하는 삶에서 시스템을 만들어가는 삶으로 나아갈 수 있습니다. 여기서 어느 쪽이 더 옳고 그르다는 판단

을 하지 않겠습니다. 사실 시스템에 속하는 삶이 더 안정적이고 편안할 수 있습니다. 이미 정해진 길을 따르며 규칙 안에서 살아가는 것은 불확실성을 줄여주기도 하죠. 즉 익숙한 삶을 유지할 수 있게 합니다. 하지만 나만의 시스템을 만들어가는 삶은 자유와 가능성을 얻게 해줍니다. 스스로 새로운 길을 개척하며 자신만의 방식으로 문제를 해결해갑니다. 그 과정에서 창의력과 자율성이 발휘됩니다.

제가 생각하는 창의력이란 단순히 한 가지 주제나 문제를 깊이 파고드는 것이 아닙니다. 비유하자면 창의력은 'A'라는 아이디어 하나를 발전시키는 데 그치는 게 아니라, 'A'와 'B'를 결합해 새로운 'AB'를 만들어내는 능력이라고 생각합니다. 이러한 결합의 과정에서 새로운 아이디어와 독창적인 해결책이 탄생합니다. 보지 못했던 걸 습득하게 되고, 결론적으로 이전의 'A'보다 더 발전된 가치를 누릴 수 있습니다.

그간 일을 하며 다양한 분야의 대표님들을 만났습니다. 자신의 사업을 성공적으로 이끈 대표님들에게는 공통점이 있었습니다. 대부분 경험이 풍부하며 창의력이 뛰어납니다. 대부분 자수성가였습니다. 부모님의 자산을 물려받은 게 아니다 보니, 열약한 환경에서 큰 성과를 만드는 법에 몰두했습니다. 그들에게 창의력은 필수적인 역량이 되었습니다. 제한된 자원 속에서 최대의 성과를 내는 법, 빠르게 변하는 시장에 자신만의 가치로 살아남는 법. 그들의 창의력이 풍부해지도록 만들었습니다.

그들이 가진 또 하나의 공통점은 독서였습니다. 대다수가 독서를 많이 했습니다. 그래서 만날 때 즐거웠습니다. "어떤 책에 영향을 받았어요?" 서로 문답을 나눌 수 있는 친구를 만난 기분이었습니다. 독서를 취미로 삼지 않는 분들도 계셨습니다. 그런 분들은 여행을 많이 다니거나 사람들과 대화하는 걸 즐기는 사람들이었습니다. 결론적으로 모두 타자와의 접촉을 사랑하는 이들이었죠.

창의력은 다른 세상과의 연결성에서 확장된다는 걸 실감한 또 다른 일화가 있습니다. 살바도르 달리 전시회를 갔을 때입니다. 그의 천재성이 돋보이는 작품들을 보며 경외감을 느꼈습니다. '이런 사람을 천재라고 부르는구나.' 생각하며, '어떻게 해야 나도 이처럼 창의적인 사람이 될 수 있을까' 골몰했습니다. 전시의 마지막에 다다랐습니다. 출구가 보이는 바로 맞은 편, 마지막 작품에 평가표가 걸려 있었습니다.

무슨 평가표일까 봤더니, 인류 역사 속 거장들을 분석한 일종의 노트였습니다. 그곳에는 레오나르도 다빈치, 파블로 피카소, 라파엘로, 몬드리안, 그리고 살바도르 달리 자신까지 평가해놓았습니다. 평가 항목은 기법, 영감, 색감, 소묘, 천재성, 구성, 독창성

등 다양한 분야에 걸쳐 있었습니다. 그때 깨달았습니다. 살바도르 달리와 같은 천재도 홀로 탄생할 수 없었다는 것을요. 반드시 타자와의 연결에서 최대치의 창의성이 나온다는 걸 알게 되었습니다.

책을 통해 다른 세상과의 연결성을 강화해보세요. 우리가 가진 창의적 잠재력을 깨울 수 있습니다.

몸값을 올리는
확실한 방법을 알게 된다

사고력이 뛰어난 사람은 문제의 본질을 파악하고 독창적인 해결책을 제시합니다. 판단력은 다양한 경험과 지식을 통해 세운 기준에서 나옵니다. 독서는 이 두 가지 능력을 키워줍니다.

직장에서 인정받는 사람들의 특징

사고력이 높아지고 가장 크게 변한 점은, 문제를 남다른 방식으로 접근하는 힘이 생겼다는 것입니다. 회사 생활을 하다 보면 이런 사람이 있습니다. 문제를 단순하게 바라보지 않고 본질을 파악합니다. 논리적으로 사고하기 때문에 그 의견을 자세히 보면 비판 지점을 찾기 어렵습니다. 일처리도 빠르게 진행하고, 다른 사람에게 괜한 해코지를 당하는 일이 줄어듭니다.

반면에 이런 사람이 있습니다. 문제의 본질을 생각하지 않니다. 그러다 보니 허점들이 많습니다. "이건 어떤 의도로 하신 거예요?"와 같은 비판적인 질문을 하면, "어… 지금 상황들을 보다 보니까…"라면서 우물쭈물하게 됩니다. 한 번에 일을 끝내지 못하고 시간이 지연되며, 업무적인 자신감이 떨어져 아주 간단한 일만 하게 됩니다.

사고력이 뛰어난 사람은 경우의 수를 잘 봅니다. 어떤 상황에서 발생할 수 있는 여러 가지 결과를 미리 예측하게 됩니다. 'A라는 상황이 발생하면 B와 같은 결과가 생길 수 있겠네. 그럼 이걸 해야겠다.' 이와 같이 다음의 경우의 수를 마련합니다. 여러 가능성에 대한 시나리오를 세울 수 있으니 그만큼의 다층적인 해법을 준비할 수 있게 됩니다.

저는 개인적으로 서양 철학 공부를 통해 사고력을 크게 향상시켰습니다. 서양 철학은 복잡한 개념을 논리적으로 분석하는 데 중점을 두고 있습니다. 어떠한 문제를 이해하기 위해, 매우 분석적이고 체계적으로 접근합니다. 예를 들어 서양 철학의 거인이라 불리는 아리스토텔레스는 '삼단 논법'이라는 구조를 만들었습니다. "소크라테스도 죽지 뭐." 이렇게 단순하게 생각할 수 있는 것을, 아리스토텔레스는 더 논리적으로 구성합니다. "모든 사람은 죽는다. 소크라테스는 사람이다. 따라서 소크라테스는 죽는다" 처럼 말이죠. 서양 철학을 읽으면서 당연해 보일 수 있는 관점도

독서로 바뀐 인생의 다섯 가지 소중한 관점

놓치지 않고, 명확한 근거와 체계적인 사고를 바탕으로 하는 능력이 향상되었습니다.

이런 관점을 가지게 되면 마케팅을 기획하는 힘이 커집니다. 소비자 분석, 경쟁 분석, 브랜드 정체성 만들기 등에 무척 용이합니다. 단순히 "요즘 이런 게 유행이니까 우리도 해볼까요?"라는 이유로 마케팅을 진행하는 게 아니라, 소비자의 행동을 면밀하게 분석해 그에 가장 적절한 방법을 만들게 됩니다. 무엇을 필요로 하고, 어떤 문제를 겪고 있고, 원하는 지점은 무엇인지, 우리는 무엇을 해야 하는지를 파악할 수 있게 됩니다. 그걸 수치로 정리할 수 있기까지 하니 업무 능력이 향상될 수밖에 없습니다. 사고력은 자신의 몸값을 키우는 데 가장 강력한 도구 중 하나입니다.

——— 판단력은 기준에서 나온다

판단력은 업무에서 매우 중요합니다. 모든 직급에서 어느 정도의 판단력은 요구되지만, 특히 고위직에 올라갈수록 판단력은 더욱 중요한 역량이 됩니다. 그때부터는 기술적인 역량보다는 판단력이 중요해집니다. 어떤 중대한 문제에 대해 결정을 내리고 이를 통해 조직의 방향을 이끌어나가야 하기 때문입니다.

판단하는 자에게는 엄청난 책임이 따릅니다. 잘못된 결정 하나로 조직이 흔적도 없이 파괴될 수 있고, 현명한 대처로 상황을 완전히 역전시킬 수도 있습니다.

그렇다면 이렇게나 중요한 판단은 어떻게 이루어질까요? 바로 '기준'에서 비롯됩니다. 판단을 하기 위해서는 기준이 있어야 합니다. 사람들은 그 기준을 자신만의 경험, 가치관, 지식, 직관을 통해 세웁니다. 그리고 그런 기준을 통해 무언가를 판단합니다. 그렇기에 판단에는 정답이 없습니다. 시험 문제처럼 '정답'이 있는 것이 아닙니다. 절대적으로 옳고 그른 것이 아니라, 여러 대안 중에서 가장 적합한 해결책을 찾는 과정이죠.

독서가 판단력을 향상시키는 이유는 자신의 기준을 질적으로 높이고 양적으로 넓힐 수 있기 때문입니다. 다양한 분야의 책을 통해, 각기 다른 관점에서 문제를 바라볼 수 있는 기회를 얻게 됩니다. 경영 서적을 읽으면 회사 운영에 대한 관점을, 마케팅 서적을 읽으면 소비자 행동을 이해하는 방식을, 역사 서적을 읽으면 각 국가의 문화적 특성과 차이를 깨닫게 됩니다. 이로 인해 나의 기준이 더욱더 넓어집니다.

판단력은 훈련으로 높일 수 있습니다. 단순히 타고나는 것만이 아니라 꾸준히 길러질 수 있는 역량입니다. 많은 사람들이 판단력의 중요성을 간과합니다. 판단력은 업무와 일상생활에서 성공하는 데 매우 중요한 핵심 요소입니다. 독서는 더 많은 정보를 접해 더 나은 판단을 내릴 수 있는 최고의 훈련입니다. 따라서 독서가 우리의 인생을 더 나은 방향으로 이끌어줄 수 있습니다.

무시당하지 않고
인정받는 삶을 살게 된다

사회가 돌아가는 구조를 알면 성공의 흐름이 보입니다. 시스템을 이해하고 만들어가는 사람은 자신의 몸값을 자신이 결정합니다. 그들의 진정한 목표는 돈이 아닌, 존중받는 삶입니다.

독서는 시간을 벌어준다

독서를 하고 가장 변한 점은 사회적인 나의 가치가 달라진다는 점입니다. 이는 행복한 삶을 살기 위해 무척 중요합니다. 학창시절 공장에서 아르바이트를 한 적이 있습니다. 사이다를 큰 팔레트에 옮기고, 시리얼을 제조하며, 물류창고에서 물품을 나르는 일들을 했습니다. 그 당시 소소한 아르바이트로써 일급은 무척 좋았습니다. 하지만 그 일은 무척 힘들었고, 그중에서도 특히 정신적인 고통이 컸습니다. 단순히 육체적인 피로도도 있었지만,

무엇보다도 사람들과의 관계에서 오는 고통이 상당했습니다.

지금보다 예전이기도 하고, 서울과는 다른 시골 지역이었기 때문에 인격적인 대우는 훨씬 떨어졌습니다. 한번은 일을 하는 도중 저를 포함한 알바생들에게 심하게 욕설을 퍼부었던 물류창고 상하차 관리자가 있었습니다. 그 사람은 저희와 외국인 노동자들에게 글로 표현할 수 없을 정도의 심한 언사를 뱉었습니다.

저는 그 자리에서 반박할 수 없었습니다. 그저 꾹 참아야만 했고, 그 무력함이 가장 힘들었습니다. 그리고 그 순간 문득 이런 생각이 스쳤습니다. '내가 평생 이렇게 살아야 한다면 어떨까?' 그 미래는 너무도 두려웠습니다. 그래서 그때부터 목표를 세웠습니다. '누군가에게 무시당하지 않을 정도의 삶을 살아가자. 서로 갑과 갑으로 만나게 될 수 있도록 노력하자.'

_____ 연봉을 몇십 배 올리는 법

이 목표를 이루게 해준 가장 큰 원동력은 단언컨대 독서였습니다. 독서를 통해 저는 시스템을 이해하고, 더 나아가 시스템을 만들 수 있는 사람이 되었기 때문에 계층 간의 구조에서 비교적 자유로워졌습니다. 시간이 지날수록 유리한 싸움을 하게 되는 자신을 발견하게 되었습니다. 그리고 이를 뼈저리게 실감한 경험이 있었습니다. 20대 중반에 있었던 일입니다.

수원에서 행사를 진행할 일이 있었습니다. 당시 저는 이동거리까지 합쳐 약 2시간에 30만 원을 벌었습니다. 그날은 성수기였기 때문에 3~4건의 행사를 진행할 수 있었고, 하루에 100만 원 정도의 수익을 벌 수 있었습니다. 첫 번째 행사가 끝난 뒤 잠시 샌드위치 집에 들렀습니다. 깔끔한 지역이라 그런지, 그곳에서 일하는 아르바이트생들의 표정도 밝고, 서비스도 무척 좋았습니다.

기분 좋게 주문하고 식사를 마치던 중, 우연히 그 아르바이트생들이 쉬는 모습을 보게 되었습니다. 모두 녹초가 되어 휴대폰만 보며 쉬고 있었죠. 그 모습을 보면서 느꼈습니다. '몸값이 높아져 돈을 많이 벌면 나의 시간을 벌어주고, 더 큰 성장을 위한 투자를 할 수 있게 만드는구나'라고요. 그때 처음으로 몸값의 중요성을 알게 되었죠.

저와 그 아르바이트생은 둘 다 똑같이 하루 종일 일을 하고 있었습니다. 하지만 그들이 하루에 버는 급여와 제가 하루에 버는 급여는 몇십 배나 차이가 났습니다. 제가 하루에 번 급여를 그들이 벌기 위해서는 며칠 동안 쉬지 않고 일해야 했을 겁니다.

이 이야기를 하는 이유가 있습니다. 직업에는 귀천이 없습니다. 저를 자랑하거나 우월함을 드러내고 싶어서 한 이야기가 절대 아닙니다. 그럼에도 불구하고 제가 이 이야기를 꺼낸 이유는, 매우 중요한 교훈이라 생각하기 때문입니다. '몸값이 높아져 돈을 많이 벌면 나의 시간을 벌어주고, 더 큰 성장을 위한 투자를 할 수 있게 만든다'는 관점 말입니다.

_____   몸값의 차이는 시스템에서 만들어진다

몸값의 차이는 시스템에서 옵니다. 시스템에 속하는 쪽보다는, 더 복잡한 시스템에 들어가거나 직접 시스템을 만드는 쪽이 더 많은 수익을 얻을 수 있습니다. 독서를 통해 시스템을 이해하고, 그것을 만들어가는 삶으로 전환하면서 저에게 생긴 가장 큰 변화는 삶의 가능성이 크게 확장했다는 점입니다. 나 자신과 타인에게 더 나은 사람이 될 수 있는 기대감과 가능성이 커졌죠. 예전에 단순히 공장에서 아르바이트를 할 때는 그러한 가능성과 기대감이 무척 적었습니다. 불안함이 가득했죠. 지금도 불안이 남아 있긴 하지만, 가능성과 기대감도 공존합니다.

돈을 많이 번다는 것의 기준은 상대적인 기준입니다. 저의 부의 기준은 시간과 투자입니다. 자신의 성장을 위해 쏟을 수 있는 시간이 많고, 더 큰 도약을 위해 자본적으로 크게 부담되지 않는

선에서 투자를 할 수 있다면 충분히 부유한 사람이라고 생각합니다. 이런 측면에서 독서는 저를 더 나은 삶으로 이끌어주었습니다.

독서로 바뀐 인생의 다섯 가지 소중한 관점

나에게 도움이 되는
건강한 인간관계만 남는다

인간관계는 성공과 행복의 핵심입니다. 건강하고 유익한 관계가 삶의 수준을 결정합니다. 이를 위해 다각도의 지식과 경험이 필요합니다. 사람의 마음을 이해하면 사람을 얻습니다.

성공하려면 인간관계부터 점검하라

나이가 들수록 관계의 중요성을 깨닫게 됩니다. 관계는 인간적으로, 그리고 사회적으로 무척 중요하죠. 서로 사랑을 나누고, 삶의 가치를 느끼게 해주는 게 바로 인간관계입니다. 내가 아무리 잘나도, 혼자서 모든 걸 할 수는 없습니다. 결국 혼자서 세상을 살아갈 수 없기에, 서로 협력할 수 있는 사람이 많아야 생존에 유리합니다. 이처럼 인간관계는 우리가 살아가는 데 꼭 필요한 역량입니다. 많은 학자들이 AI 시대에 인간에게 가장 중요한 능력으로 '커뮤니케이션'을 말하고 있습니다. 결국 인간관계는 돌고 돌아 우리에게 가장 중요한 가치관임을 알려주고 있습니다.

사람과의 관계라는 건 생각보다 복잡한 개념입니다. 관계가 단순히 사람들과 잘 지내는 것만을 의미하지 않습니다. 관계성을 어떻게 사용하는가에 따라, 계급 제도로 발현될 수 있죠.

힌두교의 카스트 제도를 예로 들어보겠습니다. 그들의 경전과 신화에 따르면, 각자에게는 정해진 의무가 있으며, 그 역할을 충실히 수행해야 한다고 합니다. 브라만은 머리, 크샤트리아는 팔, 바이샤는 허리, 수드라는 발로 비유됩니다. 이로 인해 사회적으로 관계가 수직적으로 정해져버린 거죠. 가장 낮은 계급인 수드라는 사회적으로 어울리기조차 힘들었습니다. 높은 계급과 함께 식사를 하는 것조차 금지되었습니다. 법적으로도 보호받지 못했죠. 이것 또한 관계의 특징입니다. 관계가 어떤 식으로 상호작용하는지에 따라 아예 다른 모습이 될 수 있습니다.

관계는 유토피아처럼 항상 평등한 것은 아닙니다. 어느 사회에서도 수평적인 관계만 존재하지 않습니다. 민주주의로 인해 공식적인 신분제가 사라졌다고는 하지만, 여전히 우리 마음속에는 차별의식과 위계가 남아 있습니다. 이러한 본성적인 감정은 관계 속에서 무의식적으로 드러나죠. 이 점이 중요한 이유는, 우리가 건강한 인간관계를 유지하기 위해서는 단순히 많은 사람과 관계를 맺는 것뿐만 아니라, 진정으로 도움이 되는 관계를 선별하고 유지할 필요가 있기 때문입니다.

결국 우리는 사람과의 관계 속에서 성장합니다. 사람들과의 관계는 나에게 더 나은 삶의 방향을 제시해주고, 더 나은 결정을 할 수 있게 도와줍니다. 이처럼 나에게 도움이 되는 인간관계만 남기고 나에게 해가 되는 관계를 정리하는 것이야말로, 진정으로 내 삶을 발전시키는 중요한 선택입니다.

_____　　　　　　　　공자가 알려주는 좋은 사람 판단하는 법

처음에는 관계 맺기가 힘들었습니다. 모든 이에게 좋은 사람이 되어야 한다는 강박관념 때문이었죠. 어릴 적 맺은 인연이기 때문에, 그들에게 어떻게든 잘해야 한다고 생각했습니다. 그들이 갚지 않을 돈을 빌려 달라고 하거나, 도박을 하거나, 불법적인 일에 연루되더라도 말이죠. '친구니까 이해해야지'라고 생각하다가도, '과연 이게 이로운 관계일까?'라는 생각에 혼란스러웠습니다. 그런 상황 속에서 저 혼자만의 판단으로는 알 수 없었습니다. 과연 좋은 관계란 무엇인지, 그리고 어떤 관계를 유지해야 하는지를 말입니다.

그런 저에게 독서가 좋은 지침이 되어주었습니다. 우리보다 앞서 살았던 지성인들도 같은 고민을 했다는 걸 알게 되었습니다. 그들은 더 나은 인생을 살아가기 위해 관계가 얼마나 중요한지를 강조했습니다. 그들의 경험과 교훈을 통해 저도 사람들과의 관계에서 방향을 잡아갈 수 있었습니다.

공자는 이렇게 말합니다. "배우고 그것을 익히면 기쁘지 아니한가? 먼 곳에서 벗이 찾아오면 즐겁지 아니한가? 사람들이 나를 알아주지 않더라도 화내지 않으면 군자가 아니겠는가?" 『논어』의 제1장 학이편(學而篇)에 나오는 구절입니다. 저는 이 구절을 통해 공자가 말한 인간관계의 본질을 이렇게 해석했습니다. 함께 성장할 수 있고, 연락이 자주 닿지 않아도 굳게 서로를 믿어주며, 나를 사회적 직급이나 배경에 상관없이 바라봐줄 수 있는 사람! 이런 사람과의 관계야말로 진정으로 건강한 인간관계라는 것이라고 말입니다.

이와 같은 관계는 친구 사이에만 해당되는 것이 아닙니다. 저는 부부 사이에서도 이런 자세가 필요하다고 생각합니다. 서로를 굳게 믿고, 조건이 아닌 온전한 존재로서 바라보는 자세 말입니다. 현대 사회에서는 서로를 너무 많은 조건으로 평가하고, 그 조건들이 누락되기 시작하면 관계가 파괴되고 마는 것 같습니다. 서로에 대한 기대와 요구가 너무 커진 결과로, 그에 미치지 못할

독서로 바뀐 인생의 다섯 가지 소중한 관점

때 실망과 증오만 커지곤 합니다.

저 역시 아직도 그럴 때가 많습니다. 사람을 시기하거나 차별하는 시선으로 바라보죠. 하지만 이제 마음 한구석에 공자가 말한 것 같은 건강한 관계를 바라는 마음이 남아 있습니다. 그리고 그와 같은 관계를 추구하며 살려고 노력합니다.

또 공자는 이런 말도 합니다. "이로운 친구가 셋 있고, 해로운 친구가 셋 있다. 정직한 친구, 신뢰할 수 있는 친구, 지식이 많은 친구는 이로운 사람들이고, 아첨하는 친구, 겉으로만 친절한 친구, 말만 잘하는 친구는 해로운 사람들이다." 이 말은 저에게 아주 깊게 와닿았습니다. 우리의 인간관계는 겉보기에는 좋아 보일 수 있지만, 가까워질수록 부정적인 영향을 주는 관계도 많기 때문입니다. 그런 관계는 결국 나 자신도 해로운 길로 빠지게 만듭니다.

정말 좋은 관계란 내가 잘못된 길을 가고 있을 때, 혹은 어려움을 겪고 있을 때 조심스럽게나마 나를 깨우쳐주는 관계입니다. 하지만 이건 정말 어렵습니다. 상대에게 불편한 이야기를 하는 것 자체가 쉽지 않기 때문입니다. 그런 이야기를 들어야 하는 사람도 힘들겠지만, 말을 전하는 사람 역시 그만큼 어렵습니다. 그래서 저는 그런 순간이 오면 용기를 내어 주변 사람에게 조심스럽게라도 충고를 해주자는 다짐을 하게 됩니다.

이런 사람만 곁에 남게 되면, 결과적으로 나의 주변에는 비슷한 사고방식을 가진 사람들이 모이게 됩니다. 서로 배우려는 자세를 가진 사람들끼리 만나면, 시간이 지날수록 서로 더 발전하게 됩니다. 서로의 성장을 돕는 관계가 되는 것이죠. 이런 관계가 바로 상생하는 관계입니다.

＿＿＿＿＿   내 곁에 있어야 하는 사람

조선 최고의 선지식이라 불리는 경허선사는 "인연 없는 중생은 100년을 함께 살아도 아무 소용이 없다"고 말했습니다. 또한 에베소서에서 사도 바울은 "지혜 없는 자같이 말고 오직 지혜 있는 자같이 하라"고 말했습니다. 인류의 위대한 스승들은 모두 비슷한 메시지를 전합니다. 지혜로운 사람을 곁에 두라는 것입니다.

그렇다면 지혜로운 사람의 기준은 무엇일까요? 여러 가지가 있겠지만, 제 생각에는 '배우고 싶게 만드는 사람'이 아닐까 합니다. '나도 저 사람처럼 되고 싶다'는 생각을 들게 하는 사람 말입니다. 모범이 되어주는 사람을 곁에 둬야 나 자신도 더 나아질 수 있습니다. 나보다 나은 사람을 존경할 줄 알아야 나도 그만큼 발전할 수 있습니다.

그리고 서로의 지혜가 오고 가면, 그때부터는 서로가 '사우(師友)'의 관계가 됩니다. 사우란 스승이자 친구인 관계를 말하는데, 이 관계가 형성되면 서로에게 배움의 길을 열어주는 친구가 됩니다.

_____ '착한 사람 콤플렉스' 내려놓기

인간관계가 어려운 이유는 정답이 없기 때문입니다. 누군가는 인간관계에서 냉정해야 한다고 말하고, 또 다른 누군가는 상대에게 매우 이타적으로 대하라고 말합니다. 이런 상반된 조언 속에서 우리는 혼란을 겪습니다. 그래서 인간관계는 여러 관점을 습득하고 그중에서 상황에 맞는 태도를 선택하여 사용하는 자세가 필요합니다.

하지만 이를 위해서는 먼저 많은 경험을 하고 지식을 흡수해야 합니다. 이 과정에서 우리는 다양한 상황과 인간관계를 이해하게 되고, 그에 맞게 적절한 대응을 할 수 있는 능력을 갖추게 됩니다. 대표적인 예로, 마키아벨리는 인간관계에서 냉정하고 현실적인 접근을 강조한 인물입니다. 그는 인간관계가 도덕적 이상에 기초해서 이루어지지 않는다 말합니다. 권력과 현실적 필요성에 따라 움직여야 한다고 주장합니다. 그의 저서 군주론에서 매우 명확하게 드러나는데, 그가 말하는 인간관계는 사회적 이상이 아닌 생존을 위해 더욱 냉철하게 판단하고 대응해야 한다는 것입니다.

마키아벨리의 관점은 현대 사회에서도 유효한 면이 있습니다. 모든 인간관계가 따뜻하고 배려로만 이루어지는 것은 아닙니다. 때로는 우리를 해치려 하거나, 이익을 착취하려는 사람도 존재합니다.

그래서 마키아벨리는 이런 말을 합니다. "사람들은 자신이 사랑하는 이를 배신할 수는 있지만, 두려운 존재를 배신하는 것은 어렵다." 이 말은 인간 본성의 이면을 꿰뚫고 있습니다. 사랑만으로는 충분하지 않다는 것! 사람들은 두려운 존재에 대해선 배신하기 어렵다고 말합니다. 그래서 인간관계에서 때로는 두려움을 주는 존재로 비치는 것이 필요할 때가 있습니다.

이러한 처세술은 현대 사회에서도 여전히 중요합니다. 무조건 참고 인내하는 모습을 보이면 막 대하게 됩니다. 자연스럽게 그 사람을 그렇게 대해도 괜찮은 사람으로 인식하게 되는 거죠. 인간관계에서도 어느 정도의 경계와 단호한 태도가 필요한 이유입니다. 자신을 함부로 대하지 못하게 만드는 힘이 필요합니다.

독서로 바뀐 인생의 다섯 가지 소중한 관점

야생에서도 유사합니다. 자연에서 사냥감이 포식자를 맞닥뜨렸을 때, 대부분은 공포에 질려 도망칩니다. 하지만 가끔 예외가 있습니다. 그 예외적인 동물들은 자신을 부풀리고, 심지어 포식자에게 먼저 덤비기도 합니다. 벌꿀오소리라는 작은 동물은 이 사례의 대표적인 예입니다. 사자보다 훨씬 작은 몸집에도 불구하고, 오소리는 종종 사자에게 먼저 덤벼듭니다. 놀랍게도 사자는 이런 오소리의 공격에 당황하거나, 그 상황을 피하려 합니다. 물론 그 행동이 과도할 때는 오히려 사자에게 죽임을 당하는 경우도 있지만요.

이렇듯 우리 인간관계에서도 가끔 벌꿀오소리와 같은 자세가 필요합니다. 부당하거나 비합리적인 상황에 맞닥뜨렸을 때, 우리는 우리 자신을 방어할 수 있어야 합니다. 단호하게 우리의 입장을 밝히고, 그 부당함을 상대에게 인식시킬 수 있는 능력이 필요합니다. 그 능력은 단지 말뿐이 아닌, 우리 자신을 어떻게 포지셔닝하는가에 달려 있습니다. 논리적으로 상대방의 입장을 봉쇄하고, 때로는 윤리적인 압박감을 주어 상대가 함부로 할 수 없는 존재라는 인식을 심어줄 수도 있습니다.

우리가 상대방에게 그저 호구처럼 보이지 않도록 방지하는 것도 인생의 중요한 능력입니다. 이런 역량을 기르기 위해서는 스피치나 협상에 관한 책들이 큰 도움이 될 수 있습니다. 이런 책들을 통해 사람들과의 관계에서 어떻게 나의 입장을 강력하게 피력할 수 있을지 배울 수 있습니다. 그리고 처세술을 익히게 됩니다. 또한 상대방에게 굽히지 않으면서도 우리가 원하는 결과를 얻어낼 수 있는 능력을 기르게 됩니다. 단호함과 함께 적절한 유연성까지 갖춘다면, 우리는 더욱 능숙한 관계 속에서 살아갈 수 있습니다.

먼저 잘해주면 보상이 온다
———

반대로, 인간관계에서 이타적인 태도를 강조하는 사람들도 많습니다. 예수 그리스도처럼 무조건적인 사랑인 아가페적 자세를 말하는 경우도 있지만, 실용적인 관점에서 이타적인 태도의 중요성을 강조하는 사람도 있습니다. 현대의 많은 연구자와 전문가들은 인간관계에서 이타적인 자세가 실제로 매우 실용적이며 성공에도 큰 도움을 준다고 주장합니다. '누군가 나에게 잘해주면, 나도 그 사람에게 잘해주려는 마음', 즉 호혜의 원칙을 강조합니다.

이런 주장을 한 대표적인 학자로는 애덤 그랜트가 있습니다.

독서로 바뀐 인생의 다섯 가지 소중한 관점

그는 와튼 스쿨의 조직심리학 교수로, 자신의 저서 『기브앤테이크』에서 "이타적인 사람들이 사회적 성공을 한다"고 말합니다. 그는 사람을 세 가지 유형으로 나눴는데요, '많이 받으려고 하는 사람, 받은 만큼 주려는 사람, 더 주려고 하는 사람'으로 구분했습니다.

흥미로운 점은, 이 셋 중에서 더 주려고 하는 사람들인 Givers가 성공 사다리의 맨 꼭대기를 차지할 수 있다 말합니다. 그랜트는 이에 대해 여러 가지 근거를 제시합니다. 이타적인 사람들은 신뢰를 구축하는 데 탁월합니다. 그러니 주변 사람과 더 많은 정보를 공유하게 됩니다. 그래서 그들은 장기적으로 더 많은 기회를 얻게 된다고 합니다. 단기적으로는 자신이 베푼 것만큼의 보상을 받지 못할 수도 있지만, 시간이 지나면서 그들의 이타적인 행동이 더 많은 기회를 가져다준다는 것입니다.

저는 애덤 그랜트의 주장이 인간관계에서 매우 실용적인 지침이 될 수 있다고 생각합니다. 실제로 사회생활을 하다 보면, 자신의 이익만을 추구하다가 신뢰를 잃는 경우를 자주 목격합니다. 그랜트의 연구에 따르면, 이타적인 태도를 가진 사람들은 다른 사람들에게 더 좋은 인상을 남기고, 함께 일하고 싶은 사람으로 기억됩니다. 이것이 그들이 더 많은 기회를 얻게 되는 이유 중 하나입니다.

많은 기업가들은 비즈니스를 시작할 때 중요한 인맥과 협력 관계를 구축하는 데 주력합니다. 그리고 그들이 맺는 관계 중에서도 특히 신뢰할 수 있는 사람, 즉 이타적인 태도를 보이는 사람과 더 오랜 협력 관계를 유지하게 됩니다.

물론 이타적인 태도가 항상 성공적인 결과로 이어지는 것은 아닙니다. 그래서 그는 "주고만 있는 사람들은 때때로 착취당하거나, 이용당할 수 있다"는 점도 지적합니다. 따라서 중요한 것은 무조건적인 이타심보다는 지혜로운 이타심입니다. 주는 것도 전략이 필요하다는 것입니다. 즉 관계에서 자신이 무조건 손해를 보는 상황을 피하고, 더 나은 결과를 얻기 위해 신중하게 행동해야 한다는 것입니다.

그래서 앞서 말했듯 여러 가지 인간관계 방법을 습득하는 게 중요합니다. 인간관계는 항상 같은 패턴으로 흘러가지 않습니다. 단순히 하나의 방식을 고집해서는 안되고, 여러 관점을 터득해 상황에 맞게 유연하게 대처해야 합니다. 그러면 애덤 그랜트 교수의 주장처럼 사회적으로 더 많은 신뢰를 얻을 수 있습니다. 결국 관계가 성공을 만듭니다.

진정한 '나'로서 사는
자존감을 얻게 된다

자존감은 타인과의 관계에서 생겨납니다. 외부 조건을 아예 무시하는 독립적인 개체는 물리학의 세상에 존재하지 않습니다. 질량을 가진 모든 존재는 서로가 서로에게 영향을 줍니다.

_____   자존감이 뭘까?

자존감에 대해 생각해보신 적 있나요? 어느 순간부터 한국 사회에서 자존감이라는 주제가 중요한 화두로 떠오른 것 같습니다. 왜 이토록 자존감에 많은 관심을 갖게 되었을까요? 저는 그 이유가 한국이 경제적으로 선진국의 반열에 올랐기 때문이라고 생각합니다.

과거에는 생존이 가장 중요한 문제였지만, 이제는 기본적인 생활이 어느 정도 안정되었습니다. 물론 집값과 같은 문제가 있지만요. 그래도 과거에 비해 대한민국의 경제 성장이 고도화된 건 사실 같습니다. 이러한 환경에서 사람들은 더 이상 공동체의 일원으로서보다는, 개인으로서의 가치와 행복을 중요하게 생각하게 되었습니다.

이와 같은 현상은 역사적으로도 자주 반복되어 왔습니다. 초기에 국가는 생존을 위해 전 국민이 하나로 뭉쳐 강대국을 향한 여정에 몰입합니다. 하지만 어느 정도 안정이 이루어진 뒤에는 각자의 권리와 인권에 대한 관심이 늘어나기 시작합니다. 더 나은 삶의 질을 추구하게 되는 것이죠. 사람들은 점차 자신의 자유와 권리를 갈망하게 됩니다. 물론 모든 역사나 국가가 이런 패턴을 정확히 따르는 것은 아니지만, 대체로 이러한 경향을 보이는 것 같습니다.

한때 자존감에 대해 깊이 고민한 적이 있습니다. 자존감이라는 단어를 들으면 마치 외부의 조건과 상관없이 오로지 나 자신을 믿고 당당할 수 있는 마음이라고 생각하게 되죠. 하지만 '과연 그런 게 가능할까?'라는 의문이 들기 시작했습니다. 붓다, 예수, 노자와 같은 위대한 인물들은 그런 삶을 보여주었을지 모르겠습니다. 하지만 저와 같은 평범한 사람들에게 자존감을 항상 유지하는 것은 무척 어려운 일처럼 느껴졌습니다. 그래서 이번에도 독서를 통해 여러 사람들의 훌륭한 견해를 접하면서 저의 생각을 조금씩 키워나갔습니다.

저는 자존감이 외부의 조건을 완전히 무시하고 항상 당당할 수 있는 능력이라고는 생각하지 않습니다. 우리 인간은 너무 많은 외부 조건에 의해 영향을 받으며 삽니다. 절대적인 자존감을 유지하기가 쉽지 않습니다. 예를 들어 노래를 못하는 사람에게 갑자기 1천 명의 청중 앞에서 노래를 부르라고 합니다. "남의 생각은 중요하지 않아. 그냥 해"라고 말할 수 있겠지만, 절대 쉬운 일이 아니죠. 대부분의 사람은 그런 상황에서 당당하게 나서기 어려울 것입니다. 못하니까 망설여지는 건 당연합니다. 그게 과하면 문제가 되겠죠.

자존감에 대해 다시 한번 고민하게 된 계기는 인도와 몽골을 여행했을 때입니다. 한국 사회에서 나름 잘 적응하며 살아왔으니, 가까운 동양권 나라의 여행을 갈 때는 비교적 편했습니다. 문화적으로 큰 차이가 없으니까요. 하지만 인도에 가보니 완전히 다른 세상이었습니다. 언어도 통하지 않고, 문화도 전혀 다르니 자연스럽게 불안과 경계심이 생기더군요. 그때 깨달았습니다. 사회적 지위, 이름, 자산, 언어 능력 등이 모두 없어졌을 때, 나라는 존재가 위축된다는 사실을요. 모르는 것이 너무 많다 보니 저녁 시간에 혼자 걷는 것만으로도 두려움이 생겼습니다. 한국에서 나름 당당하게 살아온 사람인데, 여기서는 말과 행동도 위축되는 제 자신을 발견했습니다. 인도에서의 이러한 경험을 통해 느꼈습니다. 자존감은 절대불변하는 것이 아니라 상황에 따라 유동적으로 변한다는 것을 배웠습니다.

TV에서 자존감이 높아 보이는 사람들을 보면 어떤가요. 항상 당당하게 살아가는 것처럼 보이죠. 하지만 그들도 365일 매순간 당당하고, 단단하고, 떳떳한 자존감을 가지며 살아갈까요? 그렇지 않을 겁니다. 우리 모두 내재된 불안을 안고 살아갑니다. 철학자 알랭 드 보통은 "불안은 욕망의 하녀다"라고 표현합니다. 인간은 욕망을 가지고 있기 때문에 자연스럽게 불안도 동반될 수밖에 없다고 말합니다.

_____   자존감이 높아지기 위해서는

그래서 저는 자존감에 대해 이렇게 생각합니다. '나'라는 개인과, '남'이라는 타자와의 관계성에서 자존감이 나온다고요. 나와 타자의 균형을 적절하게 맞출 수 있을 때 우리는 "자존감이 높으시네요"라고 할 수 있지 않을까 싶습니다.

저는 타인의 의견을 수렴할 줄 아는 사람이야말로 진정한 자

독서로 바뀐 인생의 다섯 가지 소중한 관점

존감을 가진 사람이라고 생각합니다. 무소의 뿔처럼 홀로 가는 용기가 있으면서 타인의 의견을 열린 마음으로 받아들이는 사람들 말이죠. 적당히 흔들리는 사람이 멋져 보입니다. 자신의 생각만 고수하는 것이 아니라 절충안을 찾아나가는 사람. 그렇게 균형을 잡아가는 사람을 보면 저절로 존경심이 듭니다. 이런 자존감을 기르기까지 얼마나 많은 자기 성찰과 노력이 필요했을까요? 아마도 그들은 수많은 경험과 실패를 통해 자신을 단련했을 겁니다.

많은 경험, 깊은 지식, 그리고 열린 마음, 이 세 가지가 건강한 자존감을 형성하는 가장 중요한 원천이라고 생각합니다. 자존감을 키우기 위해서는 단순한 일상 속 경험만으로는 충분하지 않습니다. 우리는 더 넓은 세상과 연결될 필요가 있습니다. 이때 독서는 그 길을 안내하는 가장 효과적인 도구입니다. 독서를 통해 우리는 수많은 사람들의 삶과 사상을 만나고, 그들이 겪은 고민과 문제를 함께 생각하게 됩니다. 이를 통해 삶에 대한 시각을 넓히고, 내면을 더욱 단단하게 다져갈 수 있습니다.

특히, 독서를 하며 우리는 과거에 우리와 비슷한 고민을 했던 사람들의 생각과 경험을 접하게 됩니다. 역사적으로 위대한 업적을 남긴 인물들조차 인간관계나 자신의 한계에 대해 끊임없이 고민해왔다는 사실을 알게 되죠. 그런 사람들의 이야기를 읽으면서 우리는 위로와 용기를 얻게 됩니다. '나도 이 어려움을 겪고 있지만, 그들도 그랬구나'라는 생각이 들면 스스로에 대한 신뢰가 조금씩 생기기 시작합니다.

다양한 생각과 문화를 접하게 되면, 자연스럽게 자신의 생각만이 옳다는 고정관념에서 벗어날 수 있게 됩니다. 우리는 독서를 통해 다양한 삶의 형태를 이해하고, 그들이 살아가는 방식에 공감하며 세상과 소통하는 법을 배웁니다. 다른 사람의 의견을 수용하는 과정에서 자신의 자존감을 더욱 단단하게 만들어갑니다.

_____ 　　　　　성장하지 않으면 자존감이 낮아진다

물리학을 공부하면서 흥미로운 생각을 해본 적이 있습니다. 중력에 관한 것이었습니다. 중력은 우리 모두가 익히 잘 알고 있는 힘이죠.

중력은 단순히 우리 발 아래에서만 작용하는 것이 아닙니다. 우주의 모든 물체와 존재는 중력을 발생시키고 서로 영향을 받습니다. 원자든 미생물이든, 동물이든 인간이든, 심지어 지구와 달, 태양, 은하계마저도 전부 중력에 상호작용을 하며 살아가고 있습니다.

그런데 여기서 문득 재미있는 생각이 들었습니다. '만약 지구가 인간처럼 질량이 매우 낮아진다면 어떤 일이 벌어질까?'라는 의문이 떠오른 거죠. 지구는 단단한 질량을 가졌기에 유지될 수 있습니다. 태양의 중력에 의해 완전히 끌어당겨지지 않고 주변을 도는 것도 지구가 그만큼의 질량을 가진 덕분입니다.

만약 지구가 인간만큼 작은 질량을 가졌다면 어떻게 될까요? 지구는 태양의 중력에 의해 순식간에 끌려간다고 합니다. 혹은 우주의 어딘가로 흩어지고 말 겁니다. 지구라는 존재가 우주에서 사라지는 겁니다. 결국 우리가 오늘도 평온하게 살아갈 수 있는 이유도 지구의 질량 덕분입니다. 태양에 비하면 지구의 질량은 무척 작습니다. 그럼에도 불구하고 지구는 나름의 힘으로 자신을 지키며 태양 주위를 유유히 돌고 있습니다.

이 물리학적 사실을 제 인생과 연결시켜보았습니다. 저는 여기서 자존감이라는 개념을 떠올렸습니다. 자존감도 마치 중력과 같다는 생각이 들었죠. 건강한 자존감을 가지려면 나만의 단단한 질량을 가져야 한다는 생각이요. 우리 인생에서 태양과 같은 존재가 있을 겁니다. 그들은 더 많은 것을 알고, 더 많은 경험을 했으며, 성공을 거둔 사람들일 것입니다. 그들과 비교했을 때 우리는 작은 질량일지 모르지만, 중요한 것은 그들과의 관계에서 우리의 자존감이 흔들리지 않고 그들과 상호작용할 수 있어야 한다는 것입니다.

인간의 가장 기특한 점은, 본인이 스스로 질량을 키울 수 있는 존재라는 점입니다. 우리는 단순히 태어난 대로, 현재 주어진 상태로만 살아가는 것이 아닙니다. 끊임없이 자신을 발전시키고 성장시킬 수 있는 능력을 가지고 있습니다. 이는 곧 우리의 자존감, 질량을 키워나갈 수 있는 기회를 말합니다.

물리학 전공자가 보기에 이 논리는 어딘가 말이 안 될지도 모릅니다. 하지만 저는 과학적 개념을 인문학적으로 해석하는 이 과정이 무척 큰 깨달음과 위안을 주었습니다. 물리학의 경이로운 정보가 저에게 여러 분야를 넘나들 수 있는 힘이 되어주었고, 사고의 폭을 넓혔습니다. 그래서 과학 전공자들을 보면 존경심과 감사한 마음이 듭니다.

독서는 우리의 질량을 키우는 최고의 훈련 도구입니다. 책을 통해 자신을 더 단단하게 만들고, 세상의 다양한 중력 속에서 흔들리지 않는 자아를 구축해나갈 수 있습니다. 우리는 더 큰 질량을 가지고, 더 많은 것과 상호작용하며 살아갈 수 있습니다. 독서는 진정한 '나'로 살아갈 수 있는 힘을 줍니다.

CHAPTER 4

이럴 때 이런 책!
당신을 위한 독서 가이드

나에게 딱 맞는
독서법 찾기

　저의 인생을 바꿨던 독서 경험을 바탕으로, 여러분께 나름의 독서 가이드를 해드리려 합니다. 이 가이드는 정답이 아닙니다. 제가 추천하는 책이나 장르가 무조건 도움이 될 것이라는 것도 아닙니다. 독서는 정해진 틀에 맞춰야 하는 것이 아닙니다. 각자에게 맞는 독서의 방향은 다를 수 있습니다. 어떤 이는 철학서를 통해 삶의 깊이를 발견하고, 어떤 이는 소설을 통해 타인의 삶을 간접적으로 경험하며 자신의 세계를 넓혀갑니다. 중요한 것은 자신에게 맞는 책을 찾는 과정 자체가 독서의 본질적인 즐거움이라는 점입니다. 책은 단순히 지식을 주는 도구가 아니라, 우리에게 다양한 경험과 시각을 선사하는 다리 역할을 합니다. 이 가이드를 통해 영감을 얻고, 여러분만의 독서 여행을 떠나는 데 도움이 되었으면 좋겠습니다.

　육조 혜능 스님의 유명한 일화가 있습니다. 어느 날 두 승려가 바람에 흔들리는 깃발을 보고 논쟁을 벌이기 시작합니다. 한 승려는 "깃발이 움직이고 있다"라고 말합니다. 다른 승려는 "아니다, 바람이 움직이는 것이다"라고 반박했습니다. 길을 걷다 그 모습을 본 혜능 스님은 다가와서 이렇게 말씀하셨습니다. "깃발이 움직이는 것도 아니고, 바람이 움직이는 것도 아닙니다. 본인의 마음이 움직이고 있는 것이죠." 이 짧은 이야기는 우리가 세상을 해석하는 방식에 대해 깊은 깨달음을 줍니다. 깃발과 바람은 변하지 않았지만, 그것을 보는 우리의 시각은 끊임없이 변화합니다. 결국, 세상의 본질은 그대로일지라도 그것을 바라보는 우리의 마음가짐이 진정한 변화를 만들어낸다는 사실을 일깨워줍니다.

그래서 이런 말이 있습니다. "우주에는 단 한 권의 책만 있을 뿐이다." 이 말의 숨은 뜻은 무엇일까요? 수백만 권이 팔린 베스트셀러라 하더라도, 결국 그 책은 누가 읽는지에 따라 서로 다른 울림과 깨달음을 전합니다. 같은 글을 읽고도 누구는 감동을 받고, 누구는 지루함을 느끼기도 합니다. 책은 각자에게 고유한 감정을 불러일으키며, 독자의 마음속에서 새로운 모습으로 태어납니다. 따라서 모든 책은 독자가 가진 시각과 경험에 따라 유일무이한 하나의 책이 됩니다.

독서는 독특한 경험을 선사하는 동시에, 우리가 미처 보지 못했던 부분을 비추어줍니다. 때로는 우리가 마음속 깊이 간직했던 질문을 꺼내주기도 하고, 전혀 예상치 못한 방식으로 답을 제시하기도 합니다. 책이 전하는 메시지는 독자가 어떤 환경에 처해 있는지, 어떤 시점에서 읽고 있는지에 따라 전혀 다르게 느껴질 수 있습니다. 이처럼 독서는 독자와 끊임없이 상호작용하며, 각기 다른 새로운 세계를 열어줍니다.

우리가 읽는 책이 각기 다른 울림을 주듯이, 우리 삶의 방향 역시 다양할 수밖에 없습니다. 각자의 세상이 있으니까요. 그리고 그 세상은 책과 함께 할 때 더욱 넓어지고 풍요로워집니다.

만만하지 않은 사람이
되고 싶다면

부드러우면서도 강인하고, 여유로우면서도 빠르고, 바보 같아 보이면서도 천재 같은 사람은 쉽게 넘볼 수 없습니다. 지혜의 창고인 철학과 종교를 통해 그런 힘을 길러보기를 바랍니다.

철학과 종교 서적을 읽어보라

여러 챕터에서 반복적으로 한 이야기이기도 합니다. 중요한 내용이기에 다시 한 번 강조합니다. 만만하지 않은 사람은 단순히 강한 외면만을 갖춘 것이 아닙니다. 진정으로 단단한 사람은 내면의 깊이와 사고력을 가지고 있습니다. 철학과 종교 서적을 추천드리는 이유는 바로 이 점 때문입니다. 철학과 종교는 우리에게 세상을 깊이 있게, 그리고 넓게 바라보는 능력을 길러줍니다. 단순히 표면적인 문제에만 집중하는 것이 아니라, 문제의 본질을 파악하고 더 나아가 그 문제를 해결할 수 있는 내면의 힘을 키우도록 돕습니다.

"이 프로젝트를 어떤 의도로 기획했어요?" 회사를 다니며 이런 질문을 받아보신 적 있나요? 대답하기 매우 어렵습니다. 하지만 어떤 이는 아주 유려하게 대답합니다. "사람의 삶과 가치를 새롭게 조명하는 데 집중했습니다. 깊은 의미를 발견하는 것을 이와 같은 로고로 표현했고요. 우리의 남아 있는 가능성을 보여주고자 보라색으로 담았습니다." 이처럼 정답이 아니어도 숨어 있는 의미를 해석하는 능력이 무척 뛰어납니다. 깊은 관점은 사회생활에서도 아주 중요한 역량입니다.

이런 대답을 잘 하는 사람들은 특징이 있습니다. 본질적인 것을 좋아합니다. 더 깊은 내면의 가치를 탐구하며 영감을 받습니다. 그것을 삶의 자세로 간직하는 사람들이죠. 그래서 이들의 삶은 꼭 책을 읽지 않아도, 철학적이고 종교적입니다. 철학과 종교는 우리에게 이런 질문들을 던집니다. '나는 무엇을 위해 살아가는가? 인간의 삶은 어떤 의미가 있는가?'

이들의 삶은 어찌 보면 매우 심각하고 고리타분하게 느껴질 수 있습니다. 흔히 하는 말이 있죠. "뭘 그렇게 심각하게 생각해? 그렇게 생각하는 것도 병이야." 하지만 이런 말은 표면적인 판단입니다. 깊이 생각하는 사람들은 단순히 복잡하게 사는 게 아니라, 더 본질적인 가치를 탐구하려는 의지를 가진 사람이라고 생각합니다. 눈앞에 보이는 문제 너머에 숨겨진 진실을 찾고자 합니다. 이는 단순한 문제 해결 능력을 넘어, 큰 그림을 보는 능력입니다. 이 과정을 통해 사고력과 판단력이 좋아지고, 나 자신에 대해서도 더 깊게 알아가게 됩니다.

_____　　　　　무교인도 종교 서적을 읽어야 하는 이유

철학책은 그렇다 쳐도, 종교 서적을 추천하는 이유는 무엇일까요? 종교라는 단어에서 '종'은 으뜸 종(宗)입니다. 직역하면 으뜸이 되는 교리를 말하죠. 모범이 되는 학문이라고 할 수 있을 겁니다. 저는 이 의미를 듣고 종교의 아름다움을 처음 느끼게 되었습니다.

저는 특정 종교를 가지고 있지 않습니다. 그렇다고 무신론자는 아닙니다. 때때로 우주의 경이로움에 부딪히며 신이라는 개념에 기대게 되는 순간들이 있습니다. 우리가 살아가는 이 세상이 너무나도 복잡하고 거대해서 인간의 차원으로는 해석하기 어려울 때가 많습니다. 그럴 때 저는 신을 상상하게 됩니다. 다만 그 신이 어떤 종교에서 말하는 특정한 신인지, 아니면 우주 자체를 신

이라 불러야 할지에 대해서는 저도 명확하지 않습니다.

종교는 우리에게 현실 너머를 가르칩니다. "발은 땅에 붙이고 있되, 눈은 별을 바라보아라"라는 말이 있습니다. 우리는 매일 현실이라는 땅에 발을 붙이고 걸어갑니다. 하지만 가끔 길을 잃고, 어디로 가야 할지 혼란스러워질 때가 있습니다. 그때 고개를 들어 밤하늘을 보면 별빛이 반짝입니다. 과거 우리의 선조들은 이 별을 보고 자신들의 길을 찾았습니다. 그들에게 별은 나침반이었고, 길을 밝혀주는 등대와 같았습니다. 저는 종교도 이와 비슷한 역할을 한다고 생각합니다. 종교는 삶의 방향을 잃을 때 우리에게 길을 알려주고, 그 길에서 희망을 심어줍니다.

———   영혼을 다해 사는 방법

종교 서적을 공부하는 데는 오랜 시간이 걸렸습니다. 받아들이는 게 쉽지 않더라고요. 지금도 여전히 완전히 이해하거나 수용하기 어려운 부분들이 많습니다. 특정 교리들이 저에게는 어렵게 다가오고 납득이 안 되는 경우도 있었습니다. 그래서 저는 종교를 신앙이 아니라 하나의 학문으로 대하고 있습니다. 신앙심이 두터운 분들께는 이 말이 다소 불편하게 들릴 수도 있을 겁

니다. 이는 저의 개인적인 견해이니 너그럽게 이해해주시면 감사하겠습니다.

그런 측면에서 제가 넓은 시야로 종교를 바라보았을 때, 종교인들이 좇는 가치와 정체성은 무척 아름답습니다. 괜히 AI 시대에 종교가 생존할 주요 산업 중 하나로 언급되는 것이 아닙니다. 종교는 우리에게 의미를 던져주고, 삶의 방향을 제시하며, 궁극적으로는 희망을 줍니다.

사실 더 정확히 말하자면 저는 영성적인 책을 추천합니다. 종교를 추천한 이유는, 이런 영성적인 내용이 가장 잘 담겨 있기 때문입니다. 여기서 말하는 영성은 특정 종교의 개념보다는 '영혼'이라는 말이 더 맞겠습니다.

가까운 지인 중에 금융업계 종사자가 있습니다. 우리나라 최고의 금융업계에서 일하는 분입니다. 금융인에 대해 심한 선입견을 갖고 보자면 굉장히 이성적이고 차가울 것 같죠. 그렇지만 저의 지인은 무척 감성적이고 공감 능력이 뛰어난 사람입니다. 하루는 지인이 이런 말을 했습니다. "저는 나이가 더 들면 소울닥터가 될 거예요." 외국에는 이렇게 불리는 사람들이 제법 있다면서, 사람들의 내면을 치유해주는 일을 전문적으로 한다고 합니다. 영혼의 지도자죠.

그래서 제가 말한 종교성은 영혼과 가깝습니다. 나의 가장 깊은 내면 공간에 있는 영혼 말입니다. 모든 결과는 원인에서 오듯, 외적인 결과는 내적인 요인에 의해서 오지 않겠습니까. 영혼을 갈고 닦아야 하는 이유는, 내가 살아가며 생기는 대부분의 일은 나로 인해서 생기는 것이기 때문입니다. 내가 어떻게 생각하고 판단하느냐에 따라 현실의 결과들이 달라집니다.

———   나를 변화시킨 시인

철학과 종교 분야에 대해 가장 거부감 없이 쉽게 받아들일 수 있게 도와주는 작가가 있는데, 국내에서는 류시화 시인을, 해외에서는 에크하르트 톨레와 틱낫한 스님을 추천합니다. 저는 지금도 제 마음이 사정없이 흔들릴 때 이들의 책을 읽으며 위안을 삼습니다.

매일 읽지는 못합니다. 현실이라는 땅에 발을 딛고 살다 보면 여유가 없죠. 그러다 풀이 죽을 만큼 지칠 때가 있습니다. 일에 지치고, 관계에 지쳐서 어디론가 떠나고 싶죠. 그럴 때면 성당에 가서 고해성사하는 마음도 이해되고, 조용한 산 속으로 들어가 스님과의 대담을 나누려는 기분도 이해가 갑니다. 교회에서 예수 그리스도를 향한 기도도 이해되고, 라마단 기간 동안 신과 깊은

대화를 나누는 이슬람의 마음도 이해됩니다. 우주의 먼지보다 작은 나라는 존재가, 큰 산과 같은 품에 안기고 싶을 때, 그때 저는 영혼을 달래주는 책을 찾습니다.

　류시화 시인은 대중에게 많이 알려진 인물이죠. 『사랑하라 한 번도 상처받지 않은 것처럼』 『지금 알고 있는 걸 그때도 알았더라면』 『마음챙김의 시』 등 그의 작품은 명상적인 글이라고 칭찬받습니다. 실제로 그의 책은 무척 종교적입니다. 본질을 추구합니다. 그리고 류시화 시인도 직접 행동으로써 여러 수행을 다녔다고 들었습니다. 큰 스님들과 대화를 나누고, 인도에 가서 수행도 하며 여러 경험들을 쌓았다고 합니다. 그러니 그의 글이 특별하게 다가올 수밖에 없습니다. 현실에서만 살 때는 느낄 수 없던 볼거리와 냄새를 느낍니다. '어떻게 이런 글을 쓸 수 있지?' 문법적으로 해석해봤자 어렵습니다. 왜냐하면 그 글들은 삶에서 나온 것이기 때문이죠.

_____　　　　　　　　　　상대방을 이해하는 방법

그의 시 중 이런 글귀가 떠오릅니다. "지금 알고 있는 걸 그때도 알았더라면. 내 가슴이 말하는 것에 더 자주 귀 기울였으리라. 더 즐겁게 살고, 덜 고민했으리라." 이 말은 킴벌리 커버거라는 인물이 쓴 글이라고 하는데, 류시화 작가가 시집으로 글을 모은 겁니다. 그중 한 대목이죠.

이런 글을 만날 때마다 잠시 삶의 걸음을 멈추게 됩니다. '나는 내 가슴이 말하는 것에 더 귀를 기울였을까?' 그리고 '타인의 가슴이 말하는 것에 더 귀를 기울였을까?'도 생각하게 됩니다.

그런 경험들 없으신가요? 사랑하는 사이끼리 점점 언쟁이 붙어 마음에도 없는 소리로 상처를 주는 일들 말입니다. 어느 순간 왜 싸웠는지 이유는 잊어버리고, 서로를 더 날카롭게 할퀴는 것에만 매몰됩니다. 서로가 서로에게 못할 짓을 우리는 참 많이 합니다. 알고도 하죠. 그러다 시간이 지나고, 잠시 나와 상대의 가슴이 하는 말이 들리기 시작할 때 생각합니다. '내가 왜 그렇게까지 했을까.' 서로의 마음을 조금만 더 헤아려줬다면 이렇게까지 싸울 필요는 없었을 겁니다.

"많이 서운했겠다. 너의 이야기를 들어보니 감정적으로 힘들었겠어. 내가 그동안 헤아려주지 못해서 미안해"라고 말하면 어떨까요. 상대방이 더 말을 쏟아낼 수 있을 겁니다. 그간 서운하고 화났던 것을 마구 뱉어내죠. 그럴 때면 속으로 '아, 그 사람들 말 믿고 괜히 져줬네. 봐봐. 자기가 잘한 줄 알고 뭐라 하잖아'라고 생각할 수 있죠. 그런데 사실 따지고 보면 그렇게 쏟아내는 말들은 사랑의 투정입니다. 앞으로 볼 사이가 아니고, 애정이 없는 사이라면 '말해서 뭐해'라고 하며 단념합니다. 그만큼 감정을 쏟아낸다는 건 '나를 이해해줘'라는 투정과, '나를 이해해줘서 고마워'라는 고마움의 애정이 섞인 표현입니다.

그리고 나도 내 마음을 잘 전합니다. "나도 이런 부분들에서 많이 상처를 받았어"라고 솔직하게 말합니다. 여기서 솔직하게 말한다는 걸 오해하면 안 됩니다. 상대의 감정을 짓이기고, 내 입장만 말하는 게 솔직함이 아닙니다. 내가 가지고 있던 생각들을 최대한 숨기지 않고 전해보는 것입니다. 오히려 말은 더욱 부드럽고 조심스럽게 전할수록 좋습니다. 왜냐하면 내면의 어린아이들이 서로 대화를 하는 상황이니까요. 회사의 업무처럼 논리적인 구조로 돌아가는 상황이 아닙니다. 감정과 감정의 충돌이죠.

이렇게 말하고 나면, 서로를 더 깊게 이해하게 됩니다. 서로의 깊은 영혼을 이해해주게 되죠. '이 사람은 이런 영혼을 가졌구나, 이런 생각과 취지를 가졌구나'라고 말입니다. 평생을 같이 사는 부부도 서로의 속을 모릅니다. 나에 대해서도 죽을 때까지 모르는데 남은 어떻겠습니까. 그래서 더욱 영혼에 대해 생각해봐야 합니다. 깊은 차원을 추구할수록 겉의 표면은 벗겨지고, 안의 내용이 나옵니다.

이런 공부에 가장 도움이 되었던 것이 영혼에 관련된 책들이었습니다. 종교와 영성 서적이었죠. 심리학과 뇌과학도 많은 도움을 받았습니다만, 개인적으로 삶을 깊이 있게 바꾸지는 못했던 것 같습니다. 마음에 대해 이론적인 공부는 되었습니다. 그에 비해 영성 있는 서적들은 대화 같아서 더 쉽고 마음 편하게 받아들여졌습니다.

영성 책 중 해외 작가에서는 에크하르트 톨레와 틱낫한 스님에게 정말 많은 도움을 받았습니다. 에크하르트 톨레의 책 중에는 『지금 이 순간을 살아라』『삶으로 다시 떠오르기』가 깊은 영향을 주었습니다. 독서모임을 운영하면서도 진행한 책이었는데 대부분 반응이 좋았습니다.

틱낫한 스님의 책 중에서는 『화해』와 『지구별 모든 생명에게』라는 책을 좋아합니다. 그 내용들을 읽고 있으면 마음이 무척 평온하고 고요해집니다. 아름다운 생각들이 가슴을 가득 채웁니다. 살아 있다는 것에 감동하게 됩니다. 앞서 말한 "내 가슴이 말하는 것에 더 자주 귀 기울였으리라"라는 시의 문구를 깊게 체험하는 기분입니다.

진정한 나를 찾는 방법

이와 같은 책들을 읽으면 자주 나오는 말이 '에고'입니다. 우리는 흔히 '나'라는 말을 애용합니다. "내 생각은 그래, 나는 이거 싫어 해. 이건 내가 아니야"라면서 자주 사용하죠. 그런 우리에게 이 들은 매우 도발적인 질문을 합니다. "당신이 말하는 '나'가 뭐예요?" 매우 당황스럽습니다. "그냥 '나'죠." 이렇게 대답하게 됩니다. 생각해보면 대단한 질문입니다. 오랜 시간 '나'라고 생각하며 살아왔는데, 사실 이 친구가 진정 무엇인지에 대해 깊게 생각해 본 경험이 많이 없습니다.

이는 생물학적인 관점에서도 비슷한 가르침을 줍니다. 우리 몸 은 끊임없이 바뀝니다. 모든 세포가 일정 주기를 거쳐 교체되죠. 몇 년이 지나면 몸은 완전히 새로워진다고 합니다. 그에 따라 생 각도 변하죠. 어릴 때는 뼈아픈 줄 모르고 삽니다. 그러니 조심해 야 한다는 생각이 적습니다. 그렇지만 나이를 먹으며 점점 근육 과 뼈가 약해집니다. 그러다 보니 과격한 행동과 더 도전적인 경 험을 자제하게 됩니다. 젊은 시절에는 혈기왕성해서 전 세계를 떠돌아다닐 것 같았는데 말이죠. 이런 걸 보면 진정한 '나'라는 건 뭘까요? 무척 어려운 질문이 됩니다.

어려운 질문을 가슴에 품을수록, 세상의 문제들이 쉬워집니다.

정답은 없습니다. 하지만 그런 물음을 가슴 속에 간직하기만 해도, 나의 삶은 더 발전하는 방향으로 향합니다. 당연해 보였던 것들이 당연하지 않게 되고, 사소한 것들에 소중함을 느낍니다. 그럴수록 우리는 못 봤던 새로운 걸 알게 되고, 삶은 다른 방향으로 진화하게 됩니다.

————   붓다가 알려준 가르침

저에게는 불교와 기독교의 사상들도 무척 많은 도움이 되었습니다. 붓다의 핵심 가르침 중 '연기법(緣起法)'이 있습니다. 인연생기(因緣生起)의 줄임말입니다. 붓다의 말이 적힌 아함경에 이런 말이 나옵니다. "이것이 있으면 저것이 있고, 이것이 일어나기 때문에 저것이 일어난다. 이것이 없으면 저것이 없고, 이것이 사라지기 때문에 저것이 사라진다."

모든 것은 상호 의존관계로 연결되어 있다는 이야기입니다. 또한 원인과 결과로 이루어진다고 합니다. 무척 흥미로운 관점입니다. 저는 연기법의 내용을 듣고 무릎을 탁 쳤습니다. 생각해보면 우리의 일상에 모든 일은 어떤 일과 상호 관계적으로 이루어져 있습니다.

일상적인 쉬운 예를 들어보겠습니다. 휴일에 여유롭게 요리를 하고 있습니다. 근심 없이 편안한 마음으로 음식을 하며 만족하고 있습니다. 그런데 갑자기 문자가 옵니다. 잊고 있던 할부 금액이 빠져나간 문자입니다. 그런데 내가 예상한 것보다 더 많이 빠져나간 것 같습니다. 확인해보니 나도 모르게 이번 달 불필요한 지출을 많이 했습니다.

그때부터 갑자기 요리를 하는 마음이 바뀝니다. 요리를 하며 느긋하게 하루를 보내던 평온함은, 미래에 대한 초조와 불안으로 변했습니다. '내가 지금 이럴 시간이 어딨어'라는 생각이 들며, 하던 음식을 대충 마무리합니다. 식탁에 앉아 밥을 먹는데 기분이 계속 찝찝합니다. 무언가 잘못된 것 같은 기분을 느낍니다. '나는 왜 이렇게 게으르지? 항상 이런 식이야'라는 생각이 머릿속을 덮칩니다. 이제는 불행한 휴일이 되었습니다.

그런데 여러분이 만약 주변 가까운 지인이라면 저를 보고 뭐라고 할까요? "그래, 너는 너무 나태해. 쉬지 마"라고 할까요? "잠시 쉬어가도 괜찮아. 휴일이잖아"라고 다독이겠죠. 그래도 저에게는 그 말이 잘 안 들립니다. 남이 말해도 잘 안 들립니다. 불안함이 머리를 지배했기 때문이죠.

바로 이럴 때 필요한 게 연기법과 같은 관점입니다. 즉 자각입니다. 나의 불안이 어디서 왔는지 파악합니다. 그리고 그것을 위해 지금 내가 어떻게 할 수 있는지 관찰하는 겁니다. 놀랍게도 이렇게 하면 불안이 굉장히 많이 내려갑니다. 나를 헤아려주니 이해되기 시작합니다. '내가 이런 것에 감정을 느꼈구나'라면서 자신을 토닥이게 됩니다. 그리고 응원도 하게 됩니다. '평일 동안 열심히 했으니까, 보상으로 주말에 근심 없이 푹 쉬자. 다시 천천히 해보면 되는 거야. 잘하고 있어.'

이 말을 남이 아닌 본인이 직접 자신에게 할 줄 알아야 합니다. 자신과 대화를 하지 못하는 사람은 남의 위로에 의존하게 됩니다. 그러나 타인은 더욱 통제할 수 없는 대상입니다. 남이 항상 좋은 말만 해줄 수 없고, 내 상황을 모두 헤아려줄 수도 없고, 나의 이야기를 매번 들어줄 시간적 여유도 없습니다. 그래서 들어주다가 지쳐서 서로 다투게 되기도 합니다.

불교에서 가르쳐준 연기법적인 관점은 우리의 스트레스를 줄이고, 삶을 더 발전된 방향으로 나아가게 합니다. 내 마음이 넉넉해지니 더욱 열심히 하고 싶은 의지와 동력이 생깁니다. 이것은 단순히 종교의 관점에서 끝나는 깨달음이 아닙니다. 현대 심리치료에서는 이를 인지적 재구성(cognitive restructuring)과 인지행동치료(CBT)라고 부른다고 합니다. 자신의 감정을 메타인지로 제3자처럼 관찰하고 생각을 바로잡는 방식입니다. 이런 과정만 해도 정서적 회복이 굉장히 좋아진다고 합니다. 종교적 가르침은 단순히 과거에만 적용된 유물이 아닙니다. 현대 사회에서도 분명 유용하게 적용됩니다.

예수가 알려준 가르침

기독교의 신약 성경을 읽으면서는 저는 '사랑'에 대해서 배웠습니다. 신약 성경에서 베드로가 예수님을 세 번 부인하는 일화가 나옵니다. 베드로는 예수님의 가장 충실한 제자 중 한 명이었습니다. 늘 가까이에서 예수님을 따르며 지지하던 사람이었죠.

예수님이 십자가에 달리시기 전날 밤이었습니다. 마지막 만찬을 하던 중 제자들에게 예언을 하셨습니다. 그중 하나가 베드로에게 한 말이었죠. "오늘 밤, 닭이 울기 전에 네가 나를 세 번 부인할 것이다." 베드로는 충격을 받고 "절대 그런 일은 없을 것입니다. 제가 죽을지언정 주님을 부인하지 않겠습니다!"라고 단호하게 말했습니다. 그 말을 듣고 예수님은 더 이상 반박하거나 긴 설명을 하지 않았습니다.

예수님은 다음 날 체포되었습니다. 제자 유다가 은 30냥에 대제사장들과 종교 지도자들에게 예수님을 넘기며 배신을 저지릅니다. 예수님이 체포되고 재판을 받는 동안, 베드로는 따라가 멀리서 그 상황을 지켜봤습니다. 그런데 거기 있던 사람이 베드로를 알아 봤습니다. "당신도 예수와 함께 있던 사람 아니냐?"라고 물었습니다. 베드로는 두려움에 떨며 "나는 그를 모릅니다"라며 예수님을 부인했습니다. 이런 상황이 세 번 반복되었습니다. 그리고 닭이 울었습니다. 베드로는 예수님이 했던 말을 떠올립니다. "베드로야, 오늘 밤 닭이 울기 전에 네가 나를 세 번 부인할 것이다." 베드로는 예수님이 했던 예언을 떠올리며 크게 통곡합니다. 그리고 예수는 십자가형을 당합니다.

예수님이 남긴 자산이 무엇일까요? '사랑'이라고 생각합니다. 저는 그의 일대기를 보며 눈물이 났습니다. 기독교인들의 마음이 이해되었습니다. '이런 멋진 사람을 보고 존경하지 않을 수가 없겠구나' 하고요. 예수가 십자가형에 처한 이유를 이렇게 해석한다고 들었습니다. 신약 이전의 구약을 보면 아담과 하와로부터 모든 인간은 원죄가 생깁니다. 모두 태어날 때부터 죄를 짊어진 상태로 살아가게 되었죠.

고대 종교와 법체계는 등가교환의 법칙이 많습니다. 서로 응당한 교환을 하는 겁니다. 예를 들어 함무라비 법전을 보면 "눈에는 눈, 이에는 이"라는 유명한 원칙이 있고, 예로부터 많은 종교가 신을 위해 제물을 바쳤습니다. 축복을 받기 위해 그만큼 상응하는 대가를 지불하는 것입니다.

이 지점에서 예수님의 사랑을 볼 수 있습니다. 인간이 가지고 있는 거대한 원죄와, 예수님과 맞바꿉니다. 인간이 가진 모든 죄를 대신 짊어집니다. 이로써 모든 사람이 용서 받을 수 있는 길이 열렸다고 말합니다.

기독교인이 아닌 제가 봐도 정말 아름다운 이야기입니다. 예수는 다른 사람들의 고통을 끌어안아줬습니다. 자신이 타인의 십자가를 짊어지고 헤아려줬습니다. 거대한 포용력을 가졌죠. 이런 사람을 안 좋아할 수가 없습니다. 그럴 때면 '과연 나는 그럴 수 있을까?' 자주 생각하게 됩니다. 모든 인간의 고통을 대신 끌어안아주려는 자세를 가진 사람을 보면서, '나는 한 사람도 제대로 헤아려주지 못하는구나' 하며 반성하게 됩니다. 예수님은 저에게 모범이 되어줍니다.

가까운 관계를 생각해보세요. 나도 모르게 이기적인 마음에 상처를 주고, 감정적으로 행동하게 된 경우 있으시죠. '그때 좀 더 침착하게 말했으면 좋았을 텐데'라며 뒤늦은 후회를 하죠. 예를 들면 애인이 "넌 나한테 신경 안 쓰는 것 같아"라는 말이 날아옵니다. 그러면 기분이 어떻습니까. 욱하게 됩니다. 그러면 상대는 "내가 얼마나 많이 신경을 쓰는데, 진짜 그런 생각은 하나도 안 하네." 이렇게 뱉게 되죠. 그러면서 끝없이 싸우게 됩니다.

부모님은 자녀에게 말합니다. "요즘 밥은 잘 먹고 있는 거야?

잠은 일찍 자고? 건강이 제일 중요하다니까." 걱정의 말이 길어지니까 잔소리로 들립니다. "네, 잘 하고 있어요"라며 서둘러 전화를 끊을 생각합니다. 통화는 하고 있지만 휴대폰으로는 친구와의 카톡, 인스타그램 서칭 등을 하고 있습니다. 부모님은 걱정되는 마음에 계속 이야기를 덧붙이게 됩니다. "너도 나이를 먹어보면 안다, 부모님 마음은 그게 아니지 않냐" 등 수많은 말들을 뱉어내십니다. 자녀는 부모님의 말을 휴대폰의 다른 화면을 보며 건성건성 듣다 짜증냅니다. "알아서 한다니까요?"

잠시 시간이 지나고 나면 후회가 올라옵니다. '왜 그렇게까지 말했지.' 잠시 생각의 틈이 생기면 상대의 입장이 이해됩니다. 그 사람이 하고 싶었던 내면의 언어가 들리기 시작합니다. 말이라는 겉의 포장지를 걷어내, 속에 담긴 진심을 볼 수 있게 됩니다.

"넌 나한테 신경 안 쓰는 것 같아"라는 애인의 말에, "요즘 많이 서운했구나. 미안해. 어떤 걸로 가장 서운하게 했는지 말해줄 수 있어?"라고 말했다면 서로의 미움의 대화는 짧아질 겁니다. "요즘 밥은 잘 먹고 있는 거야?"라는 부모님의 "잘 가르쳐주신 덕분에 밥도 든든히 챙겨 먹고 다니죠~ 매번 걱정해주셔서 감사해요"라고 하면 부모님은 덜 걱정하는 마음으로 잔소리가 줄어들 겁니다.

지혜롭게 사는 건 어린아이처럼 사는 것이다

알면서도 실천하지 못하는 것이 바로 지혜의 역설입니다. 그래서 저는 지혜를 이렇게 표현합니다. "여덟 살짜리 아이도 알 수 있지만, 80세 노인도 쉽게 지키지 못하는 것!"

예를 들어 상대에게 상처 주지 않고, 사랑과 긍정으로 대하는 것이 좋다는 사실은 누구나 알고 있습니다. 여덟 살짜리 아이조차 그런 삶이 아름답다는 것을 느낍니다. 그런데 이상하게도 나이가 들수록, 더욱 복잡한 세상을 살수록, 우리는 그 간단한 원칙조차 지키지 못하게 되는 일들이 많아집니다. 나이를 먹고 경륜이 쌓일수록, 어느 순간 삶을 단순히 사랑하며 사는 것조차 어렵게 느껴지곤 합니다. 어쩌면 그런 면에서 아이들이 어른들보다 더 지혜로운지도 모릅니다.

그래서 예로부터 수많은 인류의 스승들은 어린아이에게서 삶의 지혜를 배우라고 가르쳤습니다. 예수는 "너희가 어린아이들과 같지 않으면 결코 천국에 갈 수 없다"고 하셨고, 니체는 "어린아이가 최상의 정신 단계다"라고 말했습니다. 니체는 인간의 발달 단계를 '낙타' '사자' '어린아이'의 3단계로 구분했는데, 낙타는 전통과 관습에 순응하며 짐을 짊어지고, 사자는 그 권위와 전통에 도전하며 자유를 추구합니다. 그러나 궁극적인 단계는 어린

아이입니다. 어린아이는 모든 것을 있는 그대로 받아들이고 매 순간에 진정한 자유와 순수함을 갖습니다. 아이처럼 진리를 받아들이고, 얽매이지 않고 순수하게 느끼는 모습이야말로 지혜의 본질에 가까운 것입니다.

또한 지혜와 지식의 차이를 생각해보면, 지식은 알수록 더해지는 반면 지혜는 알수록 덜어지는 것입니다. 세상과 삶에 대해 알아갈수록 우리는 오히려 진리를 멀리하게 됩니다. 무언가를 더욱 깊이 알면 알수록 오히려 그 단순함과 순수함을 잊어버리게 되는 경우가 많습니다. 그렇기에 우리는 결국 중요한 것을 잃어버리며 살아가곤 합니다. 이 세상에서 아주 잠시 머무는 존재일 뿐인데, 짧은 시간 안에서 서로를 미워하고 갈등하는 데 많은 시간을 허비하는 것이죠. 우리에게 주어진 시간은 매우 짧고, 또 그렇게 좁은 인생의 틀 안에서 반복되는 실수를 자각하면서도 우리는 계속 그 과정을 반복합니다.

그래도 다행히 인류에게는 이러한 진리를 일깨워주는 지혜의 스승들이 존재했습니다. 그들은 삶의 근본적인 가치를 일깨우고 자각하게 만들어줍니다. 그리고 그 가르침 덕분에 우리는 오늘도 더 나아질 수 있는 용기를 얻습니다. 현재의 순간에 감사할 줄 아는 마음을 배우고, 다시 한 번 지혜롭게 사는 법을 되새기게 됩니다.

천문학자 칼 세이건의 말이 떠오릅니다. 우주 탐사선 보이저 1호가 지구로부터 60억 킬로미터 떨어진 곳에서 지구를 촬영한 사진이 있습니다. 이 사진 속 지구는 마치 작은 먼지처럼 작디작게, 어둠 속에 부유하고 있습니다. 세이건은 이 작은 푸른 점을 바라보며 감동적인 메시지를 우리에게 전합니다.

"저기가 우리가 사는 집입니다. 우리가 사랑하고, 알고 있던 모든 사람들이 그곳에서 살았습니다. 그 모든 고통과 기쁨도 저기에 있었습니다. 수천 년간의 인류 역사 속에서 벌어진 전쟁, 영웅과 배신자, 왕과 농부, 발명가와 탐험가들, 인간이 경험해 온 모든 것이 바로 저기 있습니다. 저기 보이는 창백하고도 작은 푸른 점에 말이죠."

칼 세이건의 이 메시지는 우리로 하여금 인류 전체를, 그리고 자신을 다시 생각하게 만듭니다. 우리가 아웅다웅하고 있는 일상, 크고 작게 벌어지는 갈등과 고민들조차도 이 광대한 우주 안에서는 정말 사소하고 덧없어 보입니다. 그 푸른 점에 살고 있는 우리는 인류의 역사를 이루어온 모든 감정과 이야기의 주인공이지만, 우주 전체의 관점에서는 작고도 작은 존재에 불과할 뿐입니다.

이렇게 우주라는 시야에서 지구와 인간을 바라보면, 자연스레 삶을 바라보는 태도가 달라지게 됩니다. 누군가와의 갈등이 얽혀 마음이 혼란스러울 때도, 혹은 삶에서 실패나 실망을 경험할 때도, 칼 세이건이 보여준 이러한 시각은 우리에게 고요한 평온을 가져다줍니다. 작은 푸른 점 위에 모여 사는 우리는 결국 하나의 연약한 생명체일 뿐이며, 우주라는 커다란 배경 속에서 서로를 조금 더 이해하고 용서해야 하는 존재라는 사실을 상기하게 되는 거죠.

거대한 우주를 연구하는 천문학자, 인류를 사랑했던 붓다와 예수의 관점은 크게 다르지 않은 것 같습니다. 칼 세이건이 지구와 인간의 존재를 그처럼 단순하면서도 강렬하게 표현했다면, 붓다와 예수는 그 너머의 깊이에서 우리 삶의 본질과 방향을 제시해 주었습니다. 그들은 각각의 삶을 살고 있는 우리에게 더 큰 관점과 영속적인 안목을 갖추라고 말하고 있는 듯합니다.

창백한 푸른 점을 통해 드러나는 이 장대한 우주의 관점, 이 더 큰 시야가 우리에게 종교와 철학이 필요한 이유일지도 모릅니다. 현대를 사는 우리 역시도 이런 광활한 시선으로 일상을 바라볼 때, 삶이 더욱 성숙하고 깊어질 것입니다.

_____   이 시대에 철학이 필요한 이유

철학 책을 추천하는 이유는 여러 번 강조했듯이 우리가 상상하지 못했던 새로운 관점을 얻게 해주기 때문입니다. 철학은 우리로 하여금 세상에 대한 다양한 시각을 갖게 하며, 이로 인해 겪어보지 못한 경험이나 만나지 못한 사상가들의 생각을 빌려 우리의 사고를 넓혀줍니다. 또한 우리가 가지고 있던 고민들을 이전 시대의 사람들도 똑같이 겪어왔다는 사실을 알게 됩니다. 그 속에서 우리는 조언과 위안을 얻게 됩니다. 오래전 사람들이 남긴 철학적 사유와 지혜의 흔적은 현재를 사는 우리에게도 큰 깨달음을 줍니다.

철학이 주는 깨달음 중 하나는 우리가 일상에서 무심코 정의하고 개념화하려는 욕구에 대한 것입니다. 인간은 무엇이든 정의하고 구조화하기를 좋아합니다. 우리는 '사랑은 무엇인가요?' '후회 없는 삶이란 무엇일까요?' '진정한 인간관계란 무엇일까요?'와 같은 질문을 던지고 그에 대한 답을 찾기 위해 개념을 쫓고, 기준을 만들고자 합니다. 이런 탐구가 나름의 방향을 주기도 하지만 동시에 우리를 가둬버리기도 합니다. 개념을 쫓다 보면 어느새 고정관념이 생겨나게 됩니다.

예를 들어 우리는 '친구란 이래야 한다' '연인은 이렇게 행동해

야 한다' '가족은 이와 같이 살아야 한다'는 규범을 무의식적으로 만들어갑니다. 이러한 규범은 일상의 안정감을 주기도 하지만 동시에 우리를 그 안에 가두어 점점 다양한 가능성을 차단하게 만드는 장벽이 됩니다. 그러다 보니 우리는 진정한 의미와 본질을 놓치게 되는 일이 많아집니다.

이처럼 고정관념에 중독되면 그 이면에 숨어 있는 깊은 의미를 보지 못하게 되고, 결과적으로 다른 사람들의 생각과 방식을 이해하지 못하게 됩니다. 고정된 시각은 결국 우리를 점점 더 타인과 멀어지게 만들고, 다양한 관점을 수용할 수 있는 가능성도 닫아가게 만듭니다.

철학이 필요한 이유는 여기서 찾을 수 있습니다. 철학은 고정관념을 깨고, 우리의 생각을 더 자유롭고 유연하게 만들어줍니다. 고대부터 수많은 철학자들이 끊임없이 질문을 던지고 정답은 말하지 않았던 이유는, 세상의 모든 문제에 완벽한 정답이란 없다는 것을 알았기 때문입니다. 철학을 통해 우리는 다양한 관점을 이해하고 수용하며, 진리와 본질에 대해 조금 더 유연한 태도를 갖게 됩니다. 이 시대에도 철학이 중요한 이유는, 우리의 사고를 고정된 틀에서 벗어나게 하고, 세상을 더 넓고 깊게 바라보도록 돕기 때문입니다.

그런 우리에게 노자는 『도덕경』 1장에서 "도가도비상도 명가명
비상명(道可道非常道 名可名非常名)"이라고 말합니다. "도를 도라고
부를 수 있으면 그것이 진짜 도라고 할 수 있겠는가? 이름을 부
를 수 있는 그것이 진짜 이름이겠는가?"라고 해석할 수 있습니
다. 굉장히 선문답 같은 말이죠. 아리송합니다.

하지만 이런 말들은 일상생활에서 무척 중요한 조언이 되어줍
니다. 사랑, 우정, 성공에 대해서 정의하다 보면 놓치는 게 생깁
니다. 말은 개념이기 때문에 한계가 있으니까요. 그래서 오히려
말하지 않고 마음속에 떠올리고 있을 때 더 본질을 보게 될 수
있습니다.

"사공이 많으면 배가 산으로 간다"라는 말이 있죠. 그런 경험
없으십니까? 자신의 고민을 주변인에게 말할수록 더 혼란스러
워집니다. 여러 사람의 말들이 조언을 넘어 참견이 될 때가 있습
니다. 사람들의 말에 영향을 받고 그들의 의견을 반영해보려 합
니다. 그런데 재밌는 건, 시간이 지나면 예전에 내가 했던 생각이
올바른 방향이었을 때가 많습니다. 그리고 결국 나는 다시 그 길
을 걸어가려고 할 때가 많습니다. 이럴 때 느낍니다. 나 자신이
나의 길을 가장 잘 알고 있었다는 것을 말입니다.

타인이 잘못한 걸까요? 아닙니다. 그저 언어의 한계입니다. 언어라는 것 자체가 이미 정의되어 있고 개념화되어 있는 산물입니다.

그래서 무언가를 전할 때는 반드시 빠져 있는 결함이 존재합니다. 타인은 그 결함을 절대 나와 같이 이해해줄 수 없습니다. 그러면 계속 비판점이 보이고 참견하게 됩니다. 그 말을 듣는 우리는 어떻게든 나의 입장을 변명하듯 둘러대게 됩니다. 인생을 살아갈 때 타인의 조언이 분명 필요하지만, 오히려 배가 산으로 가게 만들 수 있습니다.

이런 것이 관점입니다. 이런 관점을 알게 되고서는 앞으로의 삶이 변할 수 있습니다. 다른 사람 말에 너무 의존했던 분이라면 '내가 너무 타인에게 의존하고 있었구나'라고 자각하며 조금 더 본인의 생각을 숙고해볼 수 있습니다. 그리고 말하는 대신 차라리 조금 더 행동해볼 수 있는 실천력이 생깁니다. 저도 이와 같은 유형이었습니다. 어느 순간부터 타인의 조언에 의존하는 비중이 줄어들고, 저 자신에게 집중하게 되었습니다.

말로 표현할 수 없는 것으로는 과도한 논쟁을 피하고, 내가 옳다고 고집 피우지 않습니다. 모든 가능성은 열려 있습니다. 삶은 이럴 수도 있고, 저럴 수도 있는 것이니까요.

이전에는 미처 생각하지 못했던 것들을 생각해볼 기회를 마련해주는 것, 바로 그것을 철학과 종교가 우리에게 제공해줍니다. 철학과 종교는 우리가 보지 못했던 시각을 열어주고, 세상을 더 깊고 넓게 이해할 수 있도록 이끌어줍니다.

서양 철학이 개념화와 논리적 사고를 통해 우리 생각의 틀을 구조화시키고 확장해준다면, 동양 철학은 삶과 세계를 보다 넓고 포괄적인 관점에서 바라볼 수 있는 영감을 줍니다. 이런 구분은 단순히 접근 방식의 차이를 설명할 뿐, 철학과 종교는 결국 한 지점에서 만나며 서로를 보완합니다. 그들은 모두 인류의 본질적인 질문에 대한 답을 찾고, 우리의 내면을 단단하게 해주기 위해 존재합니다.

만만하지 않은 사람이 되기 위해서는, 단순히 강하고 확고한 마음만이 아닌, 유연하면서도 깊은 내면의 힘을 가져야 합니다. 그 힘은 다방면에 걸쳐 균형을 이루며, 고유의 아우라를 만들어냅니다. 이른바 '만만하지 않은 사람'은 마치 조화롭고 강인한 존재처럼 보입니다. 이들은 부드러우면서도 강인하고, 여유로우면서도 신속하며, 바보처럼 보이지만 날카로운 통찰력을 가진 천재적인 모습을 보입니다. 쉽게 예측하거나 범접할 수 없는 이런 사람들은 그 자체로 매력과 위엄을 갖춘 존재입니다.

이러한 깊이와 균형을 갖추기 위해 철학과 종교 서적을 통해 마음을 갈고닦는 것은 매우 유용한 방법입니다. 철학은 삶을 관통하는 원리와 본질을 이해하도록 돕고, 종교는 우리에게 내면의 평화와 방향성을 제공합니다. 이를 통해 우리는 외부의 강함만이 아닌 내적인 힘과 지혜를 지닌 사람이 될 수 있습니다. 만만하지 않은 사람이 되는 길은 바로 이러한 힘을 갖추어 흔들리지 않고, 누구에게나 의지할 수 있는 중심을 세우는 것에서 시작됩니다.

자신만의 강력한 무기를
만들고 싶다면

"지피지기면 백전불태", 자신만의 강력한 무기를 만드는 것도 일종의 병법입니다. 세상이라는 시스템과 겨루는 과정에서, 속수무책으로 당하지 않고 자신을 지켜내는 법을 배워야 합니다.

_____ 스피치 코치로서 성공할 수 있었던 이유

한 가지 무기만 잘 다룬다고 해서 최고의 결과를 얻을 수 있는 것은 아닙니다. 하나의 무기에 집중하는 것도 중요하지만, 서브 무기들을 추가로 익히면 더 많은 기회를 만들 수 있습니다. 스피치를 하고 있지만 제가 차별화를 가질 수 있었던 건 '콘텐츠 능력' 덕분이었습니다. 저보다 유능한 스피치 전문가는 많습니다. 세계적인 학교에서 박사 과정을 밟으신 분, 20년 넘게 아나운서 혹은 성우로 활동하신 분, 몇 천억 규모의 프레젠테이션 수주를 따내시는 분 등 이들과 비교하면 제가 가진 능력이 초라하고 경쟁력이 떨어질 수 있습니다. 그래서 차별화가 필요했습니다. 내가 더 잘할 수 있는 무언가를 찾아야 했습니다.

무대 사회자로 활동할 때의 일입니다. 저는 당시 경력도 짧고, 언론 관련 학과도 나오지 않아 내세울 만한 가치가 없었습니다. 주변에는 행사 MC로 유명한 사람, 공중파 방송에서 아나운서를 진행하는 사람, 대학교에서 교수로 활동하는 사람 등 업계에서 대단한 활동을 하고 있는 선배님들이 많았습니다.

이들을 바라보며 생각했습니다. '내가 선배님들의 루트를 그대로 따라가면, 과연 그분들을 뛰어 넘을 수 있을까?' 그렇게 생각해보니 그건 불가능에 가까워 보였습니다. 그러면 똑같이 4년제 언론학과를 들어가고, 매우 긴 시간 무명으로 활동하고, 매우 높은 경쟁률의 오디션을 통과해야 했습니다.

하지만 이미 지나버린 시간을 되돌릴 수는 없기에 전략이 필요했습니다. 그래서 파고든 게 콘텐츠였습니다. 제가 가진 장점을 생각해봤습니다. '나의 특별함은 뭘까?' 아무리 생각해도 막막하더군요. 잘 보이지 않았습니다. 그런데 잘하는 것까지는 몰라도, 제가 가진 특징들은 점점 파악하게 되었습니다. 그중 뚜렷했던 건 제가 호기심이 많고, 본질을 좋아하고, 어려운 걸 쉽게 풀이하는 것에 흥미를 느낀다는 걸 알게 되었습니다. 그런 생각

끝에 '스피치를 콘텐츠로써 더 재밌게 시청할 수 있도록 만들어보자'라는 생각에 다다랐습니다. 돌이켜보면 이 생각이 신의 한 수였습니다.

다른 분야도 공부해야 한다

이 세상에는 전문가가 정말 많습니다. 저를 포함해 대부분의 전문가들 모두, 남에게 뒤처지지 않을 만큼의 본인만의 무기를 가지고 있습니다. 그런데 오히려 공략 포인트가 여기서 나왔습니다. 전문가들은 한 분야만 파고들기 때문에 그 내용이 고리타분해질 수 있다는 지점이었습니다. '왜 스피치는 더 대중적인 분야가 될 수 없을까?' 고민했습니다. 많은 사람들은 전문적인 정보가 아닌 흥미로운 콘텐츠를 원한다는 것을 깨닫게 되었고, 그래서 콘텐츠에 대한 공부를 하게 된 것입니다.

그 과정은 쉽지 않았습니다. 한 번도 배운 적이 없던 것들을 배워나가야 했습니다. 영상 촬영, 편집, 기획, 디자인 공부, 문서 작업 등 다양한 분야의 기술들을 조금씩 습득해 나갔습니다. 이 과정에서 시간뿐만 아니라 많은 비용도 지불되었습니다. '내가 잘하고 있는 걸까?' 이런 불안한 생각을 떠올린 게 한두 번이 아니었습니다. '차라리 이 시간에 다른 걸 했다면 어땠을까, 왜 나는 더 지그시 버티지 못할까?'라며 생각이 흔들릴 때가 많았습니다.

하지만 이런 과정을 겪어야 하는 강력한 의미를 찾았기 때문에 멈추지 않았습니다. 제가 생각하는 성공의 추월차선이 분명히 보였거든요. 한 분야의 아이콘이 되는 것이, 몸값을 높일 수 있는 방법이라 생각했습니다. 그러기 위해서는 대중에게 다가가야 했습니다. 콘텐츠를 만들어야 했습니다. 그리고 전략은 성공했습니다.

오랜 기간 단단히 준비해놓은 나만의 노하우, 실전에서 쌓아온 여러 가지의 경험들을 기반해 콘텐츠를 만들어 나갔습니다. 처음에는 전문가의 자세에 빠져 정보만 나열하는 영상도 만들었지만, 시간이 지나며 점점 나아졌습니다. 사람들이 보고 싶어 하는 콘텐츠가 무엇인지도 알게 되었고, 영상을 만들고 디자인을 꾸며나가는 능력까지 향상되었습니다.

그래서 저는 많은 이에게 "자신의 전공 외에 다른 부수적인 무기를 만들라"고 추천합니다. 자신이 가지고 있던 기존의 강점에 더해져 차별화된 무기가 되어주기 때문입니다. 그렇기 때문에 호기심이 필요합니다. 이러한 필요성을 느끼고 마음을 열어, 다양한 분야를 공부할 수 있는 자세가 있어야 합니다.

『지적자본론』에서 기획을 배우다

저는 기획과 디자인에 관한 책들로 많은 도움을 받았습니다. 광고기획자, 카피라이터들의 책을 보며 큰 영감을 받았습니다. 그들의 아이디어와 노하우를 익히고 저의 콘텐츠에 적용해봤습니다. 어느 때는 적절하지 않아 실패할 때도 있었습니다. 하지만 시행착오가 쌓이면서 그들의 방식을 저의 것으로 연결하는 능력이 생겨났습니다.

대표적으로 마스다 무네아키의 『지적자본론』이라는 책이 있는데, 정말 많은 영감을 준 작품입니다. 책의 저자 마스다 무네아키는 츠타야(TSUTAYA)의 창업자입니다. 일본 여행을 다니다 보면 한 번쯤은 볼 수 있는 브랜드로, 일본 전국에 1,400여 곳이 넘는 매장을 가지고 있습니다. 놀라운 건 츠타야라는 브랜드는 서점이라는 점입니다. 음식점이라면 1,400개의 매장 숫자에 대해 이해가 되지만, 서점이 1,400개나 된다는 게 신기했습니다.

단순히 일본인들이 독서율이 높아서 그런 걸까요? 그럴 수도 있지만, 마스다 무네아키의 책을 읽으면 그의 전략이 돋보입니다. 그는 콘텐츠를 만들었습니다. 단순히 책을 파는 서점이 아닌, 사람들이 공간에서 문화를 체험할 수 있는 콘텐츠를 만들었습니다.

그가 정말 잘했던 능력 중 하나가 큐레이션이었습니다. 소비자에게 제안하는 겁니다. 예를 들어 여행에 관련된 책을 찾습니다. 일반적인 서점이라면 여행 코너에 '여행 유럽편, 아시아편, 아메리카편…' 등으로 나뉘어져 있을 겁니다. 그런데 츠타야에서는 여행 책과 더불어 같이 경험할 수 있는 다른 무언가를 판매합니다. 유럽에 가고 싶은 고객이 있다면 그 코너에 유럽을 배경으로 한 소설과 수필을 배치합니다. 혹은 유럽 미술에 관한 작품 설명서가 꽂혀 있습니다. 뿐만 아니라 CD, LP, 커피, 와인도 있습니다.

츠타야는 소비자에게 제안하는 겁니다. 단순히 여행에 대한 내용을 얻는 게 아니라, 그들의 라이프스타일을 경험할 수 있도록 말이죠. 서점을 찾은 사람들은 당연히 좋아할 수밖에 없습니다. 내가 알고 싶었던 걸 더욱 깊고 다채롭게 체험할 수 있으니까요. 설령 바로 구입하지 않더라도, 그런 브랜드는 시간이 지나도 머릿속에 계속 생각납니다. 아이콘이 됩니다. 필요한 상황이 생기면 '아, 츠타야 가야겠다.' 이렇게 떠올리게 됩니다. 소비자에게 이런 생각을 할 수 있게 만드는 건, 브랜드를 만드는 제작자에게는 최고의 성과입니다.

마스다 무네아키의 책을 읽고 큐레이션의 중요성을 깨달았습니다. 제가 가진 방대한 자료를 소비자에게 원활히 전달하기 위해서는 큐레이션이 필요하다는 걸 깨달았습니다. 그래서 저의 이론들을 컨셉에 맞게 정리했습니다. 결과는 아주 성공적이었습니다. 많은 수강생들이 '그동안 스피치를 배웠지만 이렇게 정리해준 사람은 없었다'라며 과분한 칭찬을 해주었습니다.

뿐만 아니라 이와 같은 다양한 내용을 정리하기 위해 노션(Notion), 캔바(Canva) 같은 업무 툴을 활용하게 되었습니다. 덕분에 저의 업무 과정도 무척 수월해졌고, 고객들의 만족도도 매우 향상되었습니다.

종합격투기 챔피언들도 똑같은 말을 한다

UFC를 자주 보는 편입니다. 제가 가장 좋아하는 스포츠인데요, 종합격투기 'MMA'라고 하죠. 과거에는 권투, 킥복싱, 유도 등 특정 기술로만 대련하는 경우가 많았지만, 현대의 MMA에서는 다양한 무술을 결합하여 상대와 싸웁니다.

세계적인 UFC 선수들은 인터뷰에서 "옵션이 많아야 한다"라고 자주 말합니다. 대부분의 격투기 선수들이 자신이 가진 주무기가 있습니다. 베이스라고 합니다. 복싱을 한 사람은 복싱, 레슬링을 한 사람은 레슬링이 베이스이죠. 그렇기 때문에 주무기를 가지고 있되 여러 옵션을 사용할 줄 알아야 한다는 뜻입니다.

나보다 복싱을 잘하는 사람과 싸울 때 똑같이 주먹으로 맞붙

이럴 때 이런 책! 당신을 위한 독서 가이드

는다면 지겠죠. 그런데 만약 내가 킥복싱, 레슬링, 주짓수까지 할 줄 안다면 다양한 공략법이 생깁니다. 먼 거리가 나올 때는 킥을 차주고, 상대가 레슬링 방어를 잘 못하니 들어가서 넘어뜨리고, 서로 뒤엉켜 있을 때 주짓수의 기술로 유리한 위치를 선점합니다. 이와 같은 종합적인 과정을 섞으면 나보다 훨씬 강한 펀치를 가졌던 사람도 체력이 떨어지게 되고, 그의 주먹은 이전보다 훨씬 약해집니다. 내가 가진 주먹보다 약해집니다. 이제 그때는 복싱으로 맞붙어도 될 정도로 나에게 유리한 판이 만들어집니다.

"지피지기면 백전불태"라는 말이 있습니다. 고대 중국의 병법서인 『손자병법』에서 나온 말입니다. 병법은 말 그대로 상대와 싸워서 승리하는 방법을 쓴 기술입니다. 자신만의 강력한 무기를 만드는 것도 일종의 병법입니다. 세상이라는 시스템과 겨루는 과정에서, 속수무책으로 당하지 않고 자신을 지켜내는 법을 배워야 합니다. 그러려면 여러 옵션을 가지고 상대와 붙어야 합니다. 그런 수많은 옵션이 서점에 널려 있습니다. 고대 병법부터 현대의 자기계발서까지, 수많은 가능성이 그곳에 잠자고 있습니다. 자신만의 강력한 무기를 만들고 싶으신 분들에게는, 현재 본인이 하고 있는 분야가 아닌 다른 영역의 책을 읽어보길 추천해봅니다. 그런 책들을 통해 더욱 많은 공략법을 갖게 될 겁니다.

나이가 어려도
리더가 되고 싶다면

나보다 더 나은 사람을 찾아가는 것이 성장의 지름길입니다. 아스팔트 틈에 핀 민들레도 우리에게 가르침을 줄 수 있습니다. 마음을 열고 세상을 보면 만물이 스승임을 알게 됩니다.

거인을 찾고 싶으면 리더의 책을 찾아라

여러분은 롤모델이 있나요? 어린 시절부터 우러러보던 인물이 있을 수도 있고, 지금에 와서 새로운 영감을 주는 사람을 만났을 수도 있습니다. 저는 롤모델이 없는 삶과 있는 삶을 모두 경험해본 결과, 롤모델이 있는 삶이 훨씬 낫다고 느꼈습니다.

"거인의 어깨에 올라타라." 무척 중요한 말입니다. 롤모델은 우리가 정한 거인들입니다. 이들은 우리에게 방향을 제시하고 지혜를 줍니다. 내가 놓치고 있던 걸 잡아주고, 그들이 쌓아온 성과와 가르침으로 노하우를 전해줍니다. 이들을 따라가는 건 최고의 추월차선을 타는 겁니다.

나이가 어리거나 경험이 적을 때는 더 고민하게 됩니다. '어떻게 리더로 성장할 수 있을까'라고 생각하게 되죠. 나이가 많고 경력이 있는 사람도 고민합니다. '어떻게 하면 좋은 리더가 될까?' 이처럼 성장하려는 사람은 반드시 리더의 자질에 대해 고민하게 됩니다. 이럴 때 가장 좋은 방법이 리더십에 관한 책을 찾는 겁니다. 그중에서도 자서전과 전기만큼 훌륭한 도구가 없습니다. 자서전과 전기를 통해 그 길을 걸어온 인물들의 배경을 배우게 됩니다. '리더는 타고나는 거야'라는 말로 핑계 삼지 않고, 그들이 리더가 되기까지 걸어온 흔적을 통해 노하우를 얻습니다. 그리고 그 속에서 위안도 얻게 됩니다. '저 사람들도 진짜 힘들었겠구나. 지금의 나는 아무것도 아니구나' 하며 힘을 얻습니다.

_____   이나모리 가즈오가 알려준 일의 목적

저에게 영감을 준 자서전과 전기가 몇 가지 있습니다. 자서전으로는 『이나모리 가즈오』, 전기는 월터 아이작슨이 쓴 『스티브 잡스』에 큰 동기부여를 받았습니다.

"여러분은 왜 일을 하십니까? 여러분이 생각하는 리더란 무엇입니까?"이런 질문을 받으면 어떠신가요? 쉽게 대답이 나오지 않죠. 하루하루 열심히 일을 해왔지만, 정작 그 일을 왜 하고 있는지에 대해 깊이 고민해본 적이 많이 없었습니다. 그러다 보니 습관적인 번아웃이 찾아왔습니다. 일을 열심히 하고 있음에도 불구하고 의미를 상실한 느낌이 들었습니다. 움직일 의지가 사라지게 되었죠. 그때 깨달았습니다. 의지가 곧 행동의 동력입니다.

의미를 간직한 사람은 더 강합니다. 아이를 지키는 부모는 위기의 순간 초인적인 힘을 발휘합니다. 난세에 국가를 지키려는 영웅도 기적 같은 힘을 발휘합니다. 그들은 그 속에 담긴 '의미'를 지키기 위해 싸웁니다. 그래서 이전의 '나'보다 강해집니다. 이처럼 의미는 인간을 한 차원 더 높은 수준으로 도약시켜주는 강력한 힘입니다. 단순한 생존이 아니라, 그 너머에 있는 가치를 발견해 성장시켜주는 무기입니다.

이나모리 가즈오 덕분에 의미를 간직한 사람이 얼마나 강인해질 수 있는지를 알게 되었습니다. 그의 열정에 반해서『왜 일하는가』『왜 리더인가』『이나모리 가즈오의 마지막 수업』『이나모리 가즈오의 인생을 바라보는 안목』『사장의 그릇』『일심일언』『카르마 경영』등 여러 권의 책을 읽었습니다.

그는 일본의 대표적인 경영자이자, 교세라(Kyocera)와 KDDI

의 창립자입니다. 1932년 일본 가고시마에서 태어났습니다. 어린 시절부터 빈곤한 환경 속에서 자랐고, 집안 형편은 그리 넉넉지 않았습니다.

대학교를 졸업한 후 극심한 취업난을 겪다 드디어 회사에 들어가게 됩니다. 하지만 큰 고비가 닥칩니다. 알고 보니 그가 다닌 회사 쇼후공업은 부도가 난 상황이었죠. 월급과 연구 지원도 제대로 못 받는 환경 속에서 이나모리 가즈오를 비롯한 많은 젊은 직원들이 불만을 토로하며 퇴사를 했습니다. 이나모리 가즈오도 다른 사람들과 같이 퇴사하려 했지만, 그의 가족의 꾸짖음에 발걸음을 돌렸고 지옥 같은 회사에 남게 됩니다.

불안과 불만이 가득 차 있던 그에게 갑자기 한 생각이 스칩니다. '나는 왜 일하는가?' 그러고는 '지금 내가 맡은 일에 열중해보자. 방법은 그것뿐이다'라는 마음으로 바꾸기 시작했습니다. 계속 찾아오는 부정적인 감정이 가득해질 때 '이 일을 좋아하도록 최선을 다해보자'라는 마음으로 바꿔 나갔습니다. 그때부터 그의 삶은 완전히 변하기 시작합니다. 일을 사랑하기 시작합니다.

그의 뜨거운 열정과 철학은 훗날 경영의 결과로 나타납니다. 세계 최고의 전자기기 제조사 교세라를 창업하고, 일본의 2대 통신사인 KDDI를 설립해 통신업계에서도 큰 성과를 냈습니다. 심지어 2010년 일본항공이 파산 위기에 처했을 때, 이나모리는 무급으로 회장을 맡아 회사를 구조조정하고 재건하는 데 큰 역할을 했습니다.

그가 대단한 이유는 20대라는 젊은 나이에 갖게 된 생각을, 세상을 떠나는 90세의 나이까지 지켜 나갔다는 겁니다. 그 오랜 시간 자신의 신념을 지켜온 열정을 보면 감동받지 않을 수 없습니다. 작심삼일이라는 말이 괜히 있는 게 아니죠. 다짐한 마음을 3일 지키는 것도 어려운데, 그는 60년 이상을 간직하며 살아왔습니다.

저는 그의 책『왜 일하는가』를 보고 매우 강렬한 동기부여를 받았습니다. 그중 한 문구가 잊혀지지 않습니다. "일은 내면을 완성하는 과정이다." 이 말을 듣고 나서부터 일을 하는 자세가 바뀌었습니다. 남을 위해서 고생하는 게 아니라 나의 성장을 위해서 일을 한다고 생각하니, 하기 싫은 일도 할 수 있게 되는 삶의 변화가 찾아왔습니다. 이나모리 가즈오를 통해 몇만 명을 이끈 리더의 생각을 간직할 수 있게 되었습니다.

_____   스티브 잡스는 애플을 키워낸 원동력

월터 아이작슨이 쓴『스티브 잡스』도 저에게 큰 영감을 주었습니다. 이전까지 스티브 잡스에게 막연한 존경심이 있었습니다. 위

대한 혁신가, 창의적인 천재라고 생각했죠. 하지만 책을 읽으면서 그가 완벽한 영웅이 아니라 명암이 뚜렷하게 공존하는 인물이라는 것을 알게 되었습니다. 오히려 그를 더 인간적으로 이해할 수 있게 되었습니다. 그래서 더욱 객관적으로 그가 걸어온 길에서의 유용한 배움을 얻을 수 있었습니다.

이 책에서는 잡스가 어떻게 애플을 창업하게 되었는지 서술합니다. 그 과정에서 겪은 수많은 고민과 좌절, 그리고 실수들도 함께 드러납니다. 그는 완벽주의자라 불릴 만큼 제품 디자인과 사용자 경험에 집착했고, 이를 통해 혁신적인 제품을 만들어내기도 했죠. 하지만 종종 자기주장이 너무 강하고, 협력하는 과정에서 타협을 거부하는 모습을 보였습니다.

그럼에도 불구하고 그는 주변에 정말 뛰어난 인재들을 끌어들이는 능력을 가지고 있었습니다. 그에게는 뜨거움이 있었습니다. 단순한 논리로 사람을 설득하는 게 아니라, 내면에 가진 깊은 열정으로 만나는 사람 대부분을 끌어당겼습니다. 그 과정을 통해 스티브 잡스의 성공이 단지 그의 개인적인 재능 덕분만은 아니었다는 점을 알게 되었습니다.

스티브 잡스 덕분에 콘텐츠 기획과 스토리텔링의 중요성을 깨달을 수 있었습니다. 스티브 잡스는 제품을 만들어내는 것뿐만 아니라, 스토리를 입히고, 감성을 자극하는 힘을 가졌습니다. 아이폰이나 맥북 같은 제품들은 단순한 기술의 집합체가 아니었습니다. 소비자들의 라이프 스타일을 바꾸는 경험을 하게끔 만들었습니다. 그 엄청난 여정을 경험하는 것이, 독서를 통해 단돈 몇만 원으로 가능하다는 것을 생각하면 책을 사랑하지 않을 수 없습니다.

"우주에 흔적을 남기자." 그가 자주 했던 말입니다. 저는 한 번도 이런 스케일로 생각해본 적이 없습니다. 그의 과감한 포부를 통해 배웁니다. 꿈의 크기가 결과의 크기를 만든다는 것을요.

_____   유능한 선배를 빨리 찾아라

롤모델은 신이 아닙니다. 각 분야에서 배워나갈 수 있는 선배일 뿐입니다. 회사 생활에서도 좋은 선배를 만난 사람이 더 큰 성과를 내는 경우가 많습니다. 마찬가지로 삶의 측면에서도 우리에게는 유능한 선배가 필요합니다. 그들이 걸어온 길을 보고 배우면서 우리는 시행착오를 줄일 수 있습니다. 그들의 리더십과 경험을 바탕으로 우리는 더 빠르게 원하는 목표에 도달할 수 있을 것입니다.

고급스러운 사람이 되고 싶다면

아비투스는 키울 수 있습니다. 그리고 그 첫걸음에 아주 좋은 길동무가 독서입니다. 그러면 보이지 않던 게 보이고, 하지 못했던 걸 하고, 내가 누리는 세상의 크기가 더욱 커집니다.

세상은 공평한 적이 없다

세상은 정말 공평할까요? 표면적으로는 계급이 사라졌죠. 하지만 다른 사람들과 자신을 비교하며 구별하려는 경향은 남아 있습니다. 이건 단순히 사회적인 구조가 아니라, 인간 내면에 자리 잡은 자연스러운 본능입니다. 사람들 사이에 보이지 않는 구분이 존재하고, 이를 통해 사회는 미묘한 차이들로 나뉘어지곤 합니다.

우리는 현재 자본주의에 살고 있습니다. 이 사회에서는 사람의 가치를 자본, 즉 그가 가진 물질적인 것들로 판단하는 경향이 생깁니다. 자본이 많은 사람은 더 잘난 사람으로, 자본이 적은 사람은 그렇지 않은 사람으로 여겨지곤 하죠. 한국에서는 자본 만능주의가 더 심한 상태인 것 같습니다.

이와 같이 자본주의 사회에서는 자본의 차이에 따라 사람을 다르게 보는 본능을 막을 수 없습니다. 그런데 여기서 중요한 질문이 하나 떠오릅니다. 과연 돈만이 자본일까요? 역세권의 고급 아파트, 비싼 자동차, 해외 명품까지. 이런 물질적 자산만이 사람의 자본을 결정하는 것일까요?

_____ 독서는 일곱 가지 아비투스를 누리게 한다

우리는 '아비투스'를 이해할 필요가 있습니다. 프랑스 사회학자 피에르 부르디외가 제시한 개념인데, 쉽게 말하면 '구별짓기'를 말합니다. 개인은 사회 속에서 형성하는 무형의 자산들이 있다고 합니다. 눈에 보이지 않는 자산들이 있는 것이죠. 이런 것들이 사회적 지위를 결정짓는 요소가 되어줍니다. 단순하게 경제력뿐만 아니라 여러 요인들이 복합적으로 작용해 지위의 높고 낮음을 인식하게 만드는 겁니다.

이 내용에 대해 쉽게 잘 설명한 책이 있습니다. 도리스 메르틴

이 쓴 『아비투스』입니다. 피에르 부르디외가 개념을 창안했다면, 도리스 메르틴은 아비투스의 개념을 현대 사회인이 쉽게 이해할 수 있도록 잘 응용해 전했습니다. 저자는 계급을 나누는 일곱 가지의 자본이 있다고 말합니다. 이에 대해 간단하게 설명드리겠습니다.

첫 번째는 심리자본으로 내면의 힘입니다. 자신감, 회복탄력성, 열정, 상상력 등 마음속에 품고 있는 힘입니다. 심리적으로 안정된 사람은 다른 자본이 적어도 낙담하지 않고, 성공을 향해 나가는 투지가 있습니다. 실패하더라도 다시 일어설 수 있는 용기가 있기 때문에 이런 사람은 성공할 확률이 높습니다. 아무리 돈이 많아도 부정적이고 멘탈이 약하다면, 그 사람의 지위가 높아 보이지 않습니다.

두 번째는 문화자본입니다. 돈은 로또처럼 한순간에 벌 수 있습니다. 하지만 셰익스피어의 문학을 이해하고, 베토벤의 음악을 깊이 느끼며, 모네의 인상주의 작품을 미학적으로 해석하는 능력은 단 하루 만에 얻을 수 있는 것이 아닙니다. 이런 문화적 감각은 오랜 시간 꾸준히 쌓아온 내공이 있어야만 가능한 일입니다. 그래서 예로부터 졸부와 진정한 부자의 차이를 두는 기준으로 '교양'을 중요하게 여겼습니다. 문화자본은 단순한 경제적 부를 넘어서, 사람을 더 고귀하게 만들어주는 자산이 되어줍니다.

세 번째는 지식자본입니다. 제가 계속 이야기한 것처럼, 지식과 경험은 강력한 자본입니다. 오랜 시간 동안 인류 사회에서는 더 많은 지식을 가지고 있는 이들이 권력층을 형성해왔습니다. 아직도 유효합니다. 지식은 곧 권력이고, 사회적 지위를 결정짓는 중요한 요소입니다.

네 번째는 경제자본입니다. 우리가 가장 익숙하게 알고 있는 개념입니다. 자본주의 사회에서는 물질적인 경제력이 당연히 중요한 요소입니다. 경제력은 그 사람의 생활수준을 결정하며, 더 나은 선택과 다양한 경험을 할 수 있는 자유도를 제공합니다. 경제력이 있으면, 더 많은 기회를 선택할 수 있고, 삶의 질을 높이는 데도 중요한 역할을 합니다.

다섯 번째는 신체자본입니다. 단순히 건강을 의미하는 것이 아닙니다. 그 사람이 가진 신체적인 능력과 외모까지 포함됩니다. 건강하고 매력적인 외모는 분명 사회에서 성공할 확률을 높입니다. 이러한 이유를 보면 성형수술이 증가하는 현상도 어느 정도 이해할 수 있습니다. 신체적으로 건강하고 매력적인 사람은 더 많은 기회를 얻을 가능성이 큽니다.

여섯 번째는 언어자본입니다. 스피치 코치를 해온 저로서는 이 부분에 깊이 공감합니다. 아무리 많은 돈을 가지고 있어도 저렴한 말투를 쓰는 사람을 보면 그 사람의 가치도 함께 낮아 보입니다. 말은 일반적인 소통의 수단을 넘어서 사람의 가치를 드러내는 중요한 요소입니다. 사람과의 관계를 형성하고 유지하는 것, 그리고 그 관계에서 성공하는 데 언어자본은 무척 중요한 역할을 합니다.

일곱 번째는 사회자본입니다. 인간은 사회적 동물이라는 말이 있죠. 인맥은 실제로 사회에서 매우 중요한 자본으로 작용합니다. 사회적 성공을 이루기 위해서는 당신을 둘러싼 사람들이 어떤 부류인지, 그리고 그들과 얼마나 깊이 있고 긍정적인 관계를 맺고 있는지가 중요한 역할을 합니다. 결국 성공은 혼자 이루어내기 어려운 일이기에, 사회적 관계망이 곧 당신의 중요한 자산이 되는 것이죠.

독서의 위대한 점은 무엇일까요? 바로 앞서 말한 이 일곱 가지 자본을 배우고 익혀나갈 수 있는 기회를 제공한다는 점입니다. 세상은 우리가 직접 경험하기에는 너무나도 방대하고, 시간이 부족합니다. 하지만 독서는 이러한 한계를 뛰어넘습니다. 오랜 시간 쌓아온 지식과 경험을 간접적으로 체험하게 해줍니다. 이 과정에서 우리는 삶을 바라보는 시각을 넓힐 수 있고, 흥미를 느끼게 된 분야를 더욱 깊이 탐구하게 되는 계기를 마련할 수 있습니다.

매력적인 사람들이 가지고 있는 특징

영화 〈인턴〉을 보면 로버트 드니로가 연기한 '벤 휘태커'라는 캐릭터가 나옵니다. 벤은 70세의 나이에 은퇴를 한 후, 다시 사회로 돌아와 젊은 세대와 어울리며 인턴으로 일하게 되는 인물입니다. 그는 신중하고 친절하며, 풍부한 삶의 경험을 통해 조언과 격려를 아끼지 않는 멋진 어른으로 그려집니다. 이 영화를 본 사람들이 공통적으로 하는 말이 있습니다. "벤 휘태커 같은 멋진 어른이 되고 싶다." 많은 사람이 그를 매력적인 인물로 느낍니다.

그런데 혹시 '매력'이라는 단어가 어떤 한자를 가졌는지 생각해본 적 있으십니까?.'도깨비 매(魅)'와 '힘 력(力)'입니다. '여기서 도깨비가 왜 나와?'라면서 얼핏 들으면 의아할 수 있습니다. 저도 생각을 해봤는데요, 설화에 따르면 도깨비는 사람들의 이목을 끌고 마음을 사로잡는 신비롭고 매혹적인 힘을 가졌다고 합니다. 그래서 매력이라는 단어는 사람을 끌어당기는 신비하고 매력적인, 즉 마음을 사로잡는 힘을 의미하는 것입니다.

매력적인 사람들은 비슷해 보이지만 뭔가 2% 다릅니다. 대부분의 사람과 너무 차이가 나면 오히려 외부의 존재로 받아들이고 경계할 수 있습니다. 하지만 은은하게 매력을 발휘하는 사람은 무척 자연스럽고, 보는 사람에게 호감을 이끌게 합니다.

저는 '품격'이 매력의 가장 중요한 요인이라 생각합니다. 품격은 사람이나 사물에게서 느껴지는 우아함, 고결함, 그리고 그 고유한 가치를 의미합니다. 이러한 품격을 가진 사람들은 세련된 매너와 지식, 그리고 자기만의 신념과 경험을 통해 주변 사람들에게 긍정적인 영향을 미칩니다. 그리고 그런 능력이 다른 사람과의 차이를 만듭니다. 대인관계 능력의 차이를 만듭니다.

_____ 가치 있는 사람이 되어야 성공한다

관계는 삶과 일을 성공적으로 발전시키기 위해 매우 중요합니다. 아무리 개인의 능력이 뛰어나도, 주변에 어떤 사람들이 있는지에 따라 그 성패가 갈리기 마련입니다. 성공하는 사람들은 자신을 지지하고 함께할 수 있는 좋은 인맥을 구축하는 데 많은 노력을 기울입니다. 그리고 그런 인맥은 단순한 사회적 관계가 아니라, 상호작용을 통해 서로에게 도움이 되는 관계로 발전합니다.

'사회교환이론'이라는 개념이 있습니다. 사회교환이론은 인간관계를 거래처럼 보는 이론입니다. 사람들은 사회적 관계를 맺을 때 그 관계에서 얻을 수 있는 이익과 비용을 고려합니다. 쉽게 말해, '이 사람과의 관계가 나에게 어떤 이익을 줄 수 있을까?'라는 생각을 무의식적으로 하게 되는 것입니다. 관계를 통해 더 많은 이익을 얻는다고 느끼면 그 관계를 유지하고, 그렇지 않으면 관계가 멀어지거나 끊어지기도 합니다.

이 이론은 비단 물질적인 이익만을 뜻하는 것이 아닙니다. 감정적, 심리적 안정감, 인맥, 그리고 개인적 성장을 포함해 다양한 요소들이 관계에서 주고받는 이익에 해당합니다. 품격과 매력이 있는 사람은 사회적 관계에서 중요한 자산을 가지고 있습니다. 그래서 많은 이에게 사랑받고 함께하며 더욱 성장하는 삶을 영위합니다.

아비투스는 키울 수 있습니다. 그리고 그 첫걸음에 아주 좋은 길동무가 독서입니다. 수많은 자본을 만들어 자신의 가치를 높이는 시간을 만들어보세요. 보이지 않던 게 보이고, 하지 못했던 걸 하게 됩니다. 내가 누리는 세상의 크기가 더욱 커질 겁니다.

다가올 미래를 미리 알고
성공을 누리고 싶다면

계속 다른 느낌들과 만나려 노력해야 합니다. 낯선 경험과 새로운 감정들을 받아들일 때 지속적으로 성장할 수 있습니다. 미래를 예측하는 가장 강력한 도구는 고도화된 느낌입니다.

빅테크에 주목하라

다가올 미래를 미리 알고 성공을 누리고 싶다면, 우리는 세상이 어떻게 변해가고 있는지 주의 깊게 살펴야 합니다. 동시에 무엇이 변하지 않을지도 알아야 합니다. 변화하는 트렌드와 함께 우리가 놓쳐서는 안 될 핵심 가치들이 무엇인지 파악하는 것도 중요합니다. 특히 우리는 이러한 변화의 흐름 속에서 핵심적인 역할을 하는 빅테크(Big Tech) 기업들에 주목할 필요가 있습니다. 미래의 방향을 예측하는 데 있어 이들 기업이 어떤 기술과 비전을 통해 세상을 주도해 나가고 있는지를 이해하는 것이 관건입니다.

빅테크 기업들은 단순히 기술 혁신을 넘어서 우리의 삶 전체에 영향을 미칠 만한 커다란 변화를 주도하고 있습니다. 구글, 애플, 아마존, 메타 같은 대형 기술 기업들은 우리가 상상하기 어려운 기술과 상상력을 바탕으로 미래를 만들어가고 있습니다. 이들이 개발하는 신기술은 우리의 일상, 산업 전반에 스며들어 미래 사회의 패러다임을 재편하고 있습니다. 이들 빅테크 기업들은 특정 분야에 국한되지 않고, 의료, 교육, 환경 등 우리 삶의 다양한 측면에서 혁신을 이루어내고 있습니다.

빅테크 기업들이 어떤 혁신을 이루어낼지 예측하는 일은 쉽지 않지만, 이들의 행보를 유심히 살펴보면 중요한 패턴을 발견할 수 있습니다. 이러한 변화를 살피면서, 우리는 어떻게 이 기회를 활용할 수 있을지 고민해야 합니다.

빅테크의 미래 전략에 맞추어 각 개인이 자신만의 역량을 개발하고, 그들의 기술을 효율적으로 활용할 수 있는 능력을 갖춘다면 개인의 경쟁력도 높아질 수 있습니다. 만약 이들이 투자하고 있는 미래의 기술이 우리의 직업이나 산업에도 큰 영향을 미칠 것으로 예상된다면, 이에 대한 대비와 준비가 필요합니다. 결국 빅테크의 움직임을 분석하고 예측하는 것은 단순히 트렌드를 따르는 것을 넘어, 우리가 속한 세상의 변화를 읽고 대비하는 현명한 방법이 됩니다.

_____ 　　　　　고전을 읽어야 한다, 반드시!

하지만 기회는 타이밍이 중요합니다. 이미 시장에서 큰 성공을 거둔 기술이나 트렌드는 대중화된 이후 따라가게 되면 뒤늦게 참가하는 입장이 됩니다. 그만큼 경쟁이 치열해지고 기회가 적어질 수 있죠. 그래서 우리에게 필요한 것은 그 전에, 아직 많은 사람들이 주목하지 않을 때 그 기회를 보는 능력입니다. 이것이 바로 '과거를 살피는 것'의 중요성입니다. 우리는 과거에 일어났던 변화와 흐름을 통해 미래의 단서를 찾을 수 있습니다.

　여기서 도움이 되는 것이 바로 고전입니다. 고전은 수백 년, 수천 년이 지난 책만을 의미하지 않습니다. 지금의 기술이 상용화되기 전, 과거의 전문가들이 했던 예측을 살펴보는 것 역시 일종의 고전적 관점입니다. 예를 들어 과거의 경제학자들이 기술 혁신이 경제에 미치는 영향을 논한 자료들을 본다면, 현재 빅테크 기업들이 이끄는 미래가 어떤 방향으로 흐를지 더 깊이 이해할 수 있습니다. 또한 지금 우리가 사용하는 기술들이 어떤 과정을 거쳐 발전해왔는지, 그 이면의 역사를 알면 앞으로의 기술 혁신이 어떻게 전개될지도 더 잘 예측할 수 있습니다.

요즘은 공부하기 참 좋은 시대입니다. 정보가 넘쳐나는 세상에서 우리는 언제든지 필요한 지식을 쉽게 얻을 수 있습니다. 특히 LLM(대형 언어 모델)인 Chat GPT 같은 인공지능 도구는 우리에게 큰 도움을 줄 수 있습니다. 책을 읽다가 어려운 내용이 있으면 Chat GPT 같은 도구를 사용해 설명을 듣고, 그 이해를 돕는 과정에서 훨씬 빠른 속도로 지식을 습득할 수 있습니다. 과거에는 상상하기 힘들었던 지식의 속도를 우리는 지금 경험하고 있습니다. 이런 도구들을 현명하게 활용하는 사람들은 앞으로의 미래에 더 잘 적응할 수 있을 겁니다.

———   낯선 경험을 자주 해야 한다

다가올 미래를 대비하기 위해 가장 중요한 것은 열린 마음입니다. 기술은 발전하고 세상은 변화하지만, 마음이 닫혀 있으면 변화에 적응하기 힘들어집니다.

어느 뇌과학자의 팟캐스트에서 이런 말을 들은 적 있습니다. "나이가 들수록 계속 다른 느낌들과 만나려고 노력해야 합니다."

이는 곧 낯선 경험과 새로운 감정들을 받아들이는 것이 인간의 지속적인 성장을 가능하게 한다는 뜻입니다. 성장이라는 것은 단순히 외부적인 성공이나 물질적인 성취만을 의미하지 않습니다. 새로운 자극과 감정, 경험을 통해 스스로를 발전시키고 나아가는 것이야말로 진정한 의미의 성장입니다.

현재 한국은 경제적으로는 큰 발전을 이루었지만, 사상적 발전은 그보다 더디다고 느낍니다. 기술적 성장은 놀라운 속도로 이루어졌지만, 사회적·철학적인 발전은 그 속도를 따라가지 못한 면이 있습니다. 이제 우리에게 필요한 것은 사상적인 성장이며, 이를 위해서는 우리의 사고방식을 열어야 합니다. 그것이 더 앞선 기술과 경제 성장을 만들 것이라 생각합니다.

한국의 선조들 중에는 이러한 열린 마음을 가지고 세상을 바라본 위대한 인물들이 많았습니다. 그중 한 사람이 바로 연암 박지원입니다. 연암 박지원은 조선 후기의 천재 사상가로, 그가 쓴 『열하일기』는 조선의 지식인들에게 큰 충격을 안겨준 책입니다. 그는 청나라를 여행하며 조선의 폐쇄적인 사고방식을 비판하고, 새로운 세계와의 만남을 통해 시야를 넓혀야 한다고 주장했습니다. 연암의 주장은 지금의 우리에게도 교훈을 줍니다. 열린 마음과 시야가 없다면, 우리는 스스로를 제한된 틀에 가두게 됩니다.

"역사는 반복된다"는 말이 있습니다. 이는 단순히 과거의 사건이 되풀이된다는 의미를 넘어서, 우리가 과거로부터 배우지 않으면 같은 실수를 반복하게 된다는 경고입니다.

실패를 막기 위해서는 과거를 단순히 기록으로 남기는 데서 멈추지 않고, 그 속에 담긴 교훈을 끊임없이 탐구해야 합니다. 우리는 실패의 본질을 이해하고, 동일한 실수가 다시 일어나지 않도록 주의해야 합니다. 이를 위해서는 과거에 일어난 일들을 돌아보고, 현재와 비교하며, 미래를 위한 통찰을 얻어내는 것이 중요합니다.

과거의 실패를 통해 얻는 교훈은, 미래를 준비하는 데 큰 자산이 됩니다. 우리가 실수로부터 배우지 못한다면, 같은 문제에 직면했을 때 또다시 똑같은 고비를 겪게 될 것입니다. 여기서 중요한 것은 열린 마음으로 다양한 실패의 사례들을 분석하고, 이를 현재에 어떻게 적용할 수 있을지를 고민하는 것입니다.

과거에 대한 학습은 단순히 과거의 사건들을 기억하는 것이 아니라, 그 본질을 파악하고 우리의 사고방식에 적용하는 것을 의미합니다. 현재를 살아가는 우리에게는 이러한 열린 마음과 학습을 통해 과거와 비슷한 문제를 피할 수 있는 지혜가 필요합니다.

지금의 세상은 과거의 어느 때보다도 빠르게 변화하고 있습니다. 기술은 하루가 다르게 발전하고 있으며, 이로 인해 사회적·경제적 환경도 급변하고 있습니다. 기술의 발달이 가져오는 변화는 긍정적인 면도 있지만, 새로운 형태의 실패와 위험을 동반하기도 합니다.

예를 들어 인공지능의 발전은 우리에게 편리함과 효율성을 제공하지만, 동시에 윤리적 문제와 프라이버시 침해의 위험을 안고 있습니다. 과거에 예측하지 못했던 새로운 유형의 문제들이 나타나고 있는 것이죠. 따라서 우리가 변화에 적응하고 대비하기 위해서는, 변화의 속도에 발맞추어 더 깊고, 폭넓게 학습하는 것이 필요합니다.

이 과정에서 독서는 매우 중요한 역할을 합니다. 독서를 통해 우리는 다른 사람들의 경험과 통찰을 내 것으로 만들 수 있습니다. 특히, 위대한 사상가와 리더들이 남긴 문헌을 통해 우리는 그들의 실패와 성공의 과정을 배우고, 같은 실수를 반복하지 않는 법을 익힐 수 있습니다. 또한 독서는 우리로 하여금 현재의 문제를 더 큰 시야에서 바라보게 하며, 일상적인 사고의 틀을 벗어나게 도와줍니다. 과거와 현재, 그리고 미래를 잇는 다리가 되어주는 것입니다. 따라서 우리는 독서와 배움을 통해 개인의 성장과 발전을 이루고, 미래에 더 준비된 사람으로 나아갈 수 있습니다.

세상은 끊임없이 변합니다. 그 변화의 속도는 날이 갈수록 빨라지고 있으며, 예측하기 어려운 요소도 많아지고 있습니다. 그럼에도 불구하고 변화의 흐름을 읽어내야 합니다. 그 안에서 길을 찾는 능력을 찾아야 합니다. 우리가 쌓아온 지식과 경험, 그리고 그 경험을 통해 배운 통찰이 미래를 결정할 것입니다. 그리고 독서가 우리의 앞날에 길라잡이가 되어줄 것입니다.

이럴 때 이런 책! 당신을 위한 독서 가이드

내 안에 얼어붙은 바다를
깨는 도끼가 바로 독서!

"책은 우리 안의 얼어붙은 바다를 깨는 도끼여야 한다."

20세기 문학가 프란츠 카프카(Franz Kafka)의 말입니다. 이 문장은 독서의 본질을 매우 잘 표현하고 있습니다.

저 역시 왜 독서를 하고, 왜 글을 쓰는지 생각해보았습니다. 결국 그것은 제 안에 쌓여온 얼어붙은 바다를 깨준 도끼였다는, 카프카와 같은 결론에 도달했습니다. 고정관념, 한정된 시야, 정체를 만드는 습관 등이 저에게 얼어붙은 바다였습니다.

이 거대하고 두꺼운 빙해(氷海)를 처음 만났을 때, 바닥에 풀썩 주저앉아 포기했습니다. '나는 할 수 없어. 허황된 생각은 집어치

우자' 하며 고개를 돌렸습니다. 외면하면서 살아갔습니다. 하지만 결국 그 빙해는 제 앞에 다시 나타나곤 했습니다. 포기하고, 외면하고, 절규하며 도망치기를 수없이 반복했죠. 그러다 마침내 도끼를 들게 되었습니다. '이제는 피하지 않겠다,' 마음을 다잡아 얼어붙은 바다를 깨기 위한 도끼질을 시작했고, 지금 이 순간까지 왔습니다.

앞으로도 이 과정은 계속될 겁니다. 아직 만나야 할 바다가 많습니다. 그 사실이 이제는 설렘으로 다가옵니다. 예전에는 두려움의 대상이었던 얼어붙은 바다가, 이제는 두근거림과 기대감을 주는 존재가 되었습니다. 저에게는 책이라는 도끼가 있으니까요.

종종 사람들은 제게 겸손하다고 말해줍니다. 그 말을 들을 때마다 마음 깊이 감사하지만, 제 자신을 겸손한 사람이라고 생각하지는 않습니다. 그저 불확실한 사람일 뿐이라고 생각합니다. "야, 세상은 이런 거야"라고 말하기에는, 세상은 너무나도 거대하고 신비롭습니다. 이 광활한 기적들을 마주할 때면 저는 스스로 낮아지게 됩니다. "무언가를 알수록 더욱 어렵다"는 인류의 스승들의 말에 깊은 공감을 합니다.

"불확실한 사람이 지혜롭다." 이런 말을 들은 적 있습니다. 제 인생의 가치관이 된 말입니다. 물리학의 불확정성 원리처럼, 세상은 정해지지 않은 가능성들로 가득 차 있습니다. 그래서 저는 완벽한 확신을 가질 수 없습니다. 제가 할 수 있는 건, 더 높은 확률을 위해 노력하며 살아가는 것뿐입니다. 그 불확실성을 인정할 때, 비로소 세상의 본질을 이해하게 됩니다.

제가 남긴 말들이 절대적인 진리라고 생각하는 분은 없으리라 믿습니다. 혹시라도 그런 영향을 받았다면, 다시 한번 숙고해보셨으면 좋겠습니다. 저 역시 여러 사상을 접하며 그 과정에서 흔들렸던 적이 많았습니다. 논어를 읽을 때는 공자의 가르침이 정답인 줄 알았고, 차라투스트라를 읽을 때는 니체의 사상이 유일한 길이라고 느꼈습니다. 경제를 공부할 때는 투자가 유일한 해답인 것 같았고, 인공지능에 대해 배우면서는 인공지능이 미래에 살아남기 위한 유일한 열쇠라고 여겼습니다. 그러나 돌이켜보니, 저는 항상 이리저리 흔들리며 배워왔습니다.

그래서 삶은 외발자전거와 같다고 생각합니다. 외발자전거는 항상 완벽한 중립을 유지하지 않습니다. 계속 좌우로 흔들리며 균형을 맞추어 나갑니다. 그래야만 앞으로 나아갈 수 있습니다. 단 한 번도 흔들리지 않고 가는 외발자전거는 없습니다. 삶도 외발자전거와 같이 좌우로 흔들림의 연속을 겪습니다.

어릴 적에는 아버지가 세상에서 가장 강한 존재일 거라 믿었지만, 시간이 지나며 그게 아니란 걸 깨닫습니다. 평생을 함께하

에필로그

자고 약속했던 친구와도 결국은 헤어질 수밖에 없다는 사실도 알게 되었죠. 우리는 변했고, 변하고 있고, 변할 것입니다. 이 변화는 피할 수 없는 일입니다. 완벽한 중립은 없고, 균형만 있을 뿐입니다.

그래서 저는 "흔들리는 자가 아름답다"라는 말을 하고 싶습니다. 흔들림 속에서 자신의 삶을 더 신중히 살 수 있는 사람이야말로 진정한 겸손과 겸허함을 가진 사람이라고 생각합니다.

그리고 진정한 흔들림을 경험하는 자는 춤을 추는 자와 같다고 말하고 싶습니다. 이는 니체에게서 배운 가르침입니다. 니체는 "진정한 철학자는 춤추는 사람이다"라고 말했습니다. 그가 이 말을 통해 무엇을 의미했을까 고민해봤습니다. 그 후, 저는 깨달았습니다. 춤을 추는 자는 우리가 겪는 흔들림, 불확실함 속에서 두려움에 지배당하지 않고 순간순간을 즐기며 살아가는 사람이라는 것을요.

저는 이 책이 여러분에게 그러한 경험을 선사할 수 있기를 바랍니다. 독서가 여러분의 내면에 얼어붙은 바다를 깨주는 도끼가 되고, 삶의 춤을 추게 만들어주는 도구가 되기를 바랍니다. 세상은 끊임없이 변하고 있습니다. 그 변화 속에서 흔들림을 느끼고, 그 흔들림을 즐기면서 삶의 의미를 찾아가길 바랍니다.

마지막으로, 저는 과거 문학가들이 했던 말을 떠올리며 글을 마치고자 합니다. "혹시 내가 쓴 글이 종이를 낭비하는 것은 아닐까?" 많은 작가들이 저와 같은 고민을 했다고 합니다. 저 역시 이 책을 쓰며 그 말에 깊이 공감하게 되었습니다. 작가로서 숙명 같은 고민이죠. 그러나 저는 이 책이 자연의 낭비가 되지 않고, 독자 여러분에게 더 많은 가능성을 열어주는 한 줌의 흙이 되기를 바랍니다. 그렇게 새로운 씨앗을 틔우는 계기가 되기를 희망하며, 이 글을 마칩니다.

부록

인생을 변화시키는
명저 30권

『무기가 되는 스토리』 도널드 밀러

스토리텔링이 무엇인지 깨닫게 해주는 책입니다. 사람의 마음을 움직이는 가장 강력한 기술 중 하나가 스토리입니다. 아쉽게도 전형적인 한국 교육과정을 밟은 우리는 스토리텔링이 얼마나 중요한지 놓치게 되었습니다. 일상생활에서부터 비즈니스 현장까지 사람을 설득하는 것이 얼마나 정교한 기술인지를 이 책은 말해줍니다. "누구나 마케터가 되어야 합니다." 제가 강의할 때 자주 하는 말입니다. 자신의 메시지를 보다 강력하고 의미 있게 전하여 타인의 마음을 움직이게 하는 기술을 배워보세요. 누구보다 인정받는 사람이 될 겁니다. 사람의 마음을 움직이는 능력이 곧 권력입니다.

『지적자본론』 마스다 무네아키

"제안력을 길러야 한다." 이 책을 추천하는 이유가 담긴 문장입니다. 앞으로의 사회에서는 제안할 줄 아는 사람이 성공할 겁니다. 이런 흐름을 츠타야의 창업자이자 저자인 마스다 무네아키는 10년 전에 이미 정확하게 예견했습니다. 최첨단 기술이 인간의 노동력을 대부분 대체하고 있는 지금 필요한 것은 제안하는 능력이며, 그런 사람을 통칭해 '디자이너'라고 말합니다. 그러므로 우리는 모두 디자이너가 되어야 합니다. 사람들의 라이프스타일을 탐구하고 타인을 만족시키는 사람은 자본주의 사회의 피라미드에서 가장 꼭대기에 올라갈 수밖에 없습니다. 천재라고 불리는 기획자의 통찰력을 직접 느껴보세요.

『다 팔아버리는 백억짜리 카피 대전』 오하시 가즈요시

'팔리는 언어'를 가지고 계신가요? 치열한 자본주의 경쟁 속에서 살아남기 위해서는 판매 능력이 필요합니다. 누구나 무엇인가를 판매합니다. 기업 대표나 음식점 사장만 판매하는 것이 아닙니다. 공무원은 민원을 넣은 국민에게 서비스를 제공하고, 유치원 교사는 학부모에게 교육을 제공합니다. 이렇게 보면 사회 구성원 모두가 판매자라고 할 수 있습니다. 그래서 우리는 이러한 능력을 훈련해야 합니다. 카피라이팅은 팔리는 언어를 훈련하는 기술입니다. 이 책의 저자는 실제 매출을 높인 사례들을 통해 카피라이팅은 타고난 재능이 아닌 훈련을 통해 가능하다는 것을 보여줍니다. 말 한마디가 천 냥 빚을 갚는다고 하죠. 문장 한 줄의 힘으로 자신의 가치를 극대화해보세요. 이 책이 그런 삶을 향한 여정으로 인도할 겁니다.

『일 잘하는 사람은 단순하게 합니다』 박소연

사회생활을 하다 보면 느낍니다. 유독 일 잘하는 사람들이 있습니다. 저자는 일 잘하기로 유명한 상위 0.1% 사람들과 일해보며, 그들은 어떤 방식으로 살아가는지에 대해 말합니다. 효율적으로 일하면서 인생을 즐기는 그들은 기획, 글쓰기, 말하기, 관계 이 네 가지에 굉장히 훈련이 되었다고 말합니다. 가장 중요한 것에 집중할 줄 알고, 복잡한 것들은 단순하게 만들어가는 능력을 배우면 우리 모두 일 잘하는 사람이 될 겁니다. 저자가 발견한 상위 0.1% 사람들의 노하우를 배워보세요.

『미치게 친절한 철학』 안상헌

이 책은 철학에 입문하려다가 어려움에 부딪힌 사람들을 위해 쓰였습니다. 사람들이 철학을 어렵게 느끼는 이유는, 철학은 보통 눈에 보이지 않는 것을 다루기 때문입니다. 진리, 도덕, 존재 등 구체적이지 않은 것들을 개념화시키는 것에 우리는 익숙지 않습니다. 그래서 철학을 배워야 합니다. 삶의 문제를 더 깊게 고민하도록 도와줍니다. 이책은 철학의 복잡한 개념들을 구체적인 사례로 설명해줍니다. 특히 다른 해외 작가들과 달리, 한국 사람들이 이해하기 적합하게 설명하여 철학에 입문한 사람들이 흥미를 붙이기에 무척 좋은 책입니다.

『러셀 서양철학사』 버트런드 러셀

철학은 인간의 본질, 세상에 대한 이해를 돕습니다. 현대사회는 더욱 복잡하고 다양한 구조로 발전하고 있습니다. 이런 변화에 맞추기 위해서는 판단력을 길러야 합니다. 서양철학사를 읽으며 놀랐습니다. 제가 하고 있던 깊은 고민들을 이미 이전의 선배들이 모두 비슷하게 해왔다는 점 때문입니다. 저보다 훌륭한 사람들이, 저보다 더 깊은 고민을 해왔다는 사실을 알게 되었을 때 거대한 희열을 느꼈습니다. 그들이 했던 고민의 흔적을 따라가는 것만으로도 거인의 어깨를 올라타는 효과를 누릴 수 있습니다. 러셀은 아인슈타인마저도 칭찬하는 천재입니다. 세기의 고전이자 근대의 보물인 이 책을 읽을 수 있다는 건 빛나는 삶으로 향하는 지름길이라고 생각합니다.

부록

『논어』

동양 사상과 문화의 뿌리라고 불리는 책이 『논어』입니다. 공자가 제자들에게 준 가르침이 담겨 있습니다. 지금과는 비교도 할 수 없을 정도로 세상이 혼란스러웠던 춘추전국시대에, 공자는 인간으로서 살아가는 법을 가르쳤습니다. 한 사람으로서 어떤 삶을 살아야 할 것인가, 사회인으로서는 어떤 구성원으로 살아가야 할 것인가를 공자는 제시합니다. 조선 성리학의 병폐를 겪어온 한국인의 입장에서 논어를 받아들이는 게 쉽지 않을 수 있습니다. 그런 선입견을 빼고 읽는다면 논어의 큰 지혜를 얻을 수 있습니다. 세상을 열렬히 살다 간, 한 할아버지가 해준 말씀이라 생각하고 읽어보십시오. 현대사회를 살아가는 데 유용한 도구가 될 겁니다.

『맹자』

'인간의 아름다움을 어떻게 키워나갈 수 있는가'에 대한 화두를 던지게 하는 책입니다. 공자의 제자라고 불리는 맹자 또한 살육의 비명이 난무하는 시대에 살았습니다. 제가 공자와 맹자를 높게 사는 이유가 바로 이 지점입니다. 어둠 속에서도 빛을 보는 법을 잊지 않게 해주었습니다. 암담한 삶 속에서도 한 줄기의 빛만 있다면 삶의 가능성을 품고 바꿔나갈 수 있습니다. 우리는 이들과 같은 굳은 의지를 배워야 합니다. 맹자의 왕도정치는 무척 흥미롭습니다. 그는 동양 최고의 정치학자라고 불러도 손색이 없습니다. 사람의 마음을 얻는 사람이 세상을 제대로 이끌 수 있다고 강조합니다. 인간은 어떤 마음을 갖고 살아야 하는지, 그리고 타인의 마음을 진심으로 얻는 방법은 어떤 것인지, 동양 최고의 고전인 맹자를 통해 배워보십시오.

『장자』　　　　　　　　　　　　　　　　　　　김원중 옮김

'자유'란 무엇일까요. 인간에게 자유란 어떤 의미를 가지고 있을까요? 생각해보면 재밌습니다. 우리는 엄청난 자유를 누리고 있지만, 그만큼 자유롭다는 생각을 하고 살지 못합니다. 사회는 시스템으로 이루어져 있습니다. 문명이 발전할수록 필연적으로 규칙이 생기고, 그로 인해 옳고 그름이 생깁니다. 우리는 서로 보이지 않는 선을 그어놓고 살아갑니다. 단 한 발자국이라도 그 선을 넘어가면 안 된다는 거대한 공포를 간직하며 사회인으로서 살아갑니다. 치열하고 쉴 틈 없이 살아가는 우리에게는 잠시 휴식이 필요합니다. 타인의 시선에 둘러싸여 드넓은 세상을 보지 못하는 우리에게 장자는 편안한 쉼이 되어줄 겁니다. 강력한 고정관념에 삶의 괴로움을 자처하는 사람에게 장자를 적극 추천합니다.

『도덕경』　　　　　　　　　　　　　　　　　현대지성 클래식

"나는 이런 사람이야." 이런 말 자주하죠. 우리는 수도 없이 '나'라는 표현을 쓰며 살아갑니다. 그런데 '나'라는 게 뭘까요? 진짜 '나'라고 부를 만한 게 있을까요? 저는 이 물음을 갖게 되고 큰 혼란에 빠졌습니다. 그때부터 괴로움에 빠졌습니다. 나답게 살기 위하여 열심히 생을 이어갔는데, 갑자기 의미를 잃은 듯한 기분이었습니다. 그때 그 고뇌의 꼬리를 노자의 도덕경이 끊어주었습니다. 인간은 무언가를 정의하려 합니다. 이름을 붙이고 개념을 만듭니다. 하지만 그 과정을 통해 우리는 본질을 잃을 수 있습니다. 고정관념을 내려놓고 있는 그대로 보는 능력을 노자의 도덕경이 알려줍니다.

『아비투스』   도리스 메르틴

본문에서도 많이 다룬 만큼 강력히 추천하고 싶은 책입니다. 삶을 근본적으로 변화시키는 힘은 '아비투스'에서 나옵니다. 가벼운 습관을 넘어, 거대한 삶의 태도를 결정하는 방법이 이 책에 담겼습니다. 우주에는 패턴이 있습니다. 패턴은 정답이 아닙니다. 가장 높게 일어날 확률들의 유형입니다. 우리 인류의 발전 양상을 보면 성공에는 패턴이 숨겨져 있습니다. 게임을 잘하기 위해서는 공식을 알아야 합니다. 아비투스에 담긴 7가지 자본은, 그 어떤 공식보다 강력한 게임 공략집이 되어줄 겁니다.

『울트라러닝』 스콧 영

공부에 큰 관심이 없던 사람이, 1년 만에 서울대학교를 합격한다면
어떨까요? 대단한 천재라 불릴 겁니다. 공부에 큰 관심이 없던 28세
청년이, 1년 만에 세계 1위 대학교라고 불리는 MIT에서 4년 과정을
모두 마스터했다면 어떨까요? 더 대단한 천재라고 불릴 겁니다. 이
성과를 이룬 인물이 책의 작가 '스콧 영'입니다. 그는 타고난 천재였
을까요? 책의 표현을 빌리자면 전혀 아니었습니다. 단지 저자는 울트
라러닝을 알게 되었고, 대단하게 여겼던 울트라러너가 되었을 뿐이라
고 말합니다. 세계 최고가 될 수 있는 거대한 비법을 단 한 권으로 알
수 있다는 것은 우리에게 축복입니다.

『탤런트 코드』 대니얼 코일

똑같이 노력하는데 왜 소수만 성공할까요? 이 책은 개인이 가진 최대
치의 능력을 사용하도록 알려줍니다. 세계 최고의 석학 중 한명이라
불리는 와튼스쿨의 애덤 그랜트 교수도 "지난 10년간 가장 큰 영향력
을 발휘한 책 중 하나"라고 극찬합니다. 이 책의 저자는 세계 곳곳의
천재적인 성취를 이룬 사람들과 코치들을 취재하며, 인간의 폭발적인
성장을 만드는 요인을 정리합니다. 그것을 탤런트 코드라고 명명하
죠. 평범한 사람도 이 원리들을 제대로 활용하면 누구나 자신의 잠재
력을 극대화할 수 있다고 말합니다. 울트라러닝과 함께 최고의 자기
계발서라고 생각하는 이 책을 추천합니다.

『지금 이 순간을 살아라』   에크하르트 톨레

세계 최고의 영성가라고 불리는 에크하르트 톨레의 명저입니다. 현대 한국사회는 영혼에 대한 개념을 잃었습니다. 제가 말하는 영혼이란 미신적인 관념이 아닙니다. 내 가슴에 품고 있는 숭고한 열정과 삶의 목적입니다. 우리는 그 뜨거움을 어느샌가 잃어버린 것 같습니다. 에크하르트 톨레는 '나'라는 것에 집착하는 걸 '에고'라고 부릅니다. 이 책을 읽다 보면 우리가 얼마나 '에고'에 지배당하고 있는지를 알아차리게 됩니다. 잠시 '나'라는 고정관념에서부터 분리시킬 수 있다면, 우리는 '남'이 되어 지금 내게 펼쳐졌던 문제를 더 현명하게 풀어나갈 수 있습니다. 매 순간 살아 있음의 감사함을 이 책이 일깨워줄 겁니다.

『지구별 모든 생명에게』   틱낫한

"일단 자기 안의 고통을 변화시키면, 세상의 고통을 변화시키는 데 도움을 줄 수 있습니다." 이 책에서 가장 사랑하는 문장 중 하나입니다. 틱낫한 스님의 글을 읽고 있으면 마음이 평온해지고 자비가 샘솟습니다. 그동안 놓치고 있던 걸 볼 수 있게 됩니다. 내가 사람들에게 얼마나 냉소적으로 대했는지, 나 자신에게는 얼마나 가혹하게 몰아붙이고 있었는지 말이죠. 내 마음이 우중충하고 혼란스러울 때면 틱낫한 스님이 생각납니다. 조용한 산 속에서 따뜻한 차를 마시며 그와 조용히 담소를 나누고 싶습니다. 지금은 별이 되어 만날 수 없기에 책으로 그와 깊은 대화를 나눕니다. 자비가 필요한 분들에게 이 책을 권합니다.

『설득의 심리학 1』 로버트 치알디니

사람은 어떻게 설득되고 영향을 받는지 과학적으로 연구한 책입니다. 인간에게는 행동 패턴이 있다고 이 책의 저자인 심리학자 로버트 치알디니는 말합니다. 무척 일리 있습니다. 저를 포함한 대부분의 사람은 삶을 의식적인 순간보다, 무의식적으로 살아가는 시간이 더 많습니다. 아름다운 사람이 지나가면 쳐다보게 되고, 맛있는 냄새가 나면 그 가게로 발길이 움직여지고, 좋아 보이는 것을 보면 가지고 싶어집니다. 이처럼 우리는 삶의 상당 부분을 무의식적인 행동 패턴으로 살아갑니다. 이 책은 그런 인간의 본능적인 행동 패턴을 파악하고, 우리가 사람을 무의식적으로 설득하는 기술을 알려주는 책입니다. 사회인으로서 살아가는 우리에게 반드시 필요한 능력입니다.

『인간관계론』 데일 카네기

인간관계가 삶 전체에 얼마나 큰 영향을 미치는지에 대해 카네기는 다양한 사례를 통해 전합니다. 내 주변 사람들과 신뢰를 쌓고, 협력적인 인간관계를 형성하는 방법을 심층적으로 다뤘습니다. 카네기의 말을 듣고 있으면 공자의 논어와 참 닮았다는 생각이 듭니다. 그래서 저는 주변 이들에게 "데일카네기의 『인간간계론』은 현대판의 『논어』다"라고 자주 말합니다. 세계적인 많은 석학은 말합니다. 자신의 삶을 행복하게 만드는 가장 큰 요인은 관계에서 나온다고요. 삶을 바꾸기 위해서는, 주변부터 가꾸어야 합니다.

『왜 일하는가』

이나모리 가즈오

아무것도 가지지 못한 무능한 청년이, 전 세계 1000위 안에 드는 기업을 만들 수 있던 원동력은 '왜 일하는가'라는 질문 덕분이었습니다. 교세라의 창업자인 이 책의 저자 이나모리 가즈오는, 모든 이에게 일의 의미를 다시 한 번 상기시켜줍니다. 본문 중 "일은 나를 갈고 닦는 수행이다"라는 취지의 내용을 보고, 이 책과 저자를 사랑하게 되었습니다. '한번 사는 인생, 이나모리 가즈오처럼 살고 싶다'라는 생각을 하게 만드는 멋진 선배입니다. 일은 우리 삶과 너무 깊게 연관되어 있습니다. 가족과 붙어 있는 것보다 더 많은 시간을 할애하는 게 일입니다. 그래서 우리는 일을 사랑할 줄 알아야 합니다. 이 책이 그 길로 인도할 겁니다.

『원씽』

게리 켈러, 제이 파파산

우리의 시간과 에너지는 제한되어 있습니다. 그래서 선택과 집중이 필요합니다. 여러분은 멀티태스킹을 자주 하시나요? 현대 사회에서는 여러 가지 업무를 동시 다발적으로 하는 능력을 높게 사는 경향이 있습니다. 그래서 대부분 무의식적으로 멀티태스킹 방식으로 행동하고 있죠. 그런데 이 책의 저자는 반대로 말합니다. 과도한 멀티태스킹을 줄여야 한다고요. 오직 한 가지에 집중하는 힘을 길러야 한다고 강력히 강조합니다. 저자는 "지금 당장 할 수 있는 단 하나의 일은 무엇입니까?"라고 끊임없이 묻습니다. 이 질문을 통해 본질적인 목표를

찾고, 불필요한 일들은 우선순위에서 미루는 습관을 가져야만 성공할
수 있다고 합니다. 이 책에는 단순하지만 매우 실용적인 방법들이 담
겨 있습니다. 매우 추천할 만한 자기계발서입니다.

『어린왕자』 앙투안 드 생텍쥐페리

"어른이 되어서야 어린왕자를 진정 만날 수 있었다." 많은 이들이 성
인이 되어서야 말합니다. "중요한 것은 눈에 보이지 않는단다"라는
말에 얼마나 깊은 지혜가 담겼는지 어릴 적에는 몰랐습니다. 우리는
한때 어린왕자였습니다. 세상을 순수하고 직관적으로 바라볼 수 있는
눈을 가졌었습니다. 하지만 어느 순간부터 세상은 우리의 시력을 상
실하게 만듭니다. 모두가 공장의 부품처럼 획일화 되도록 만들었습니
다. 가장 위대하고 발전적인 질문은 순수한 곳에서 펼쳐집니다. 그래
서 우리는 어린이가 될 줄 알아야 합니다. 사회인으로서 살아가는 어
른의 자세와, 삶을 직관적으로 바라볼 수 있는 어린아이의 자세 두 가
지를 갖춘다면 우리의 가능성은 무한히 확장할 겁니다.

『데미안』 헤르만 헤세

"알은 세계다. 태어나려는 자는 하나의 세계를 파괴해야 한다." 인생
을 바꾼 글이라고 해도 과언이 아닙니다. 하나를 창조하기 위해서는,
무언가는 파괴를 해야 한다는 것을 알게 되었습니다. 파괴와 창조의

원리죠. 사람이 변화하기 위해서는, 이전 내가 가지고 있던 고질적인 어떤 부분들을 파괴해야만 합니다. 그렇게 새로움을 덧칠하여 변화를 만들죠. 지인들에게 『데미안』을 이렇게 추천하고는 합니다. "우리는 모두 싱클레어이며 데미안이다." 변화할 자, 변화 된 자, 그리고 타인을 변화시킬 자. 데미안은 삶의 성장과 성숙에 대해 깊이 깨달을 수 있는 최고의 책입니다.

『차라투스트라는 이렇게 말했다』   프리드리히 니체

인생에 가장 큰 영향을 끼친 작가를 꼽으라면 니체는 반드시 들어갑니다. 니체는 저의 인생에서 가장 반가운 사람 중 하나였습니다. 제가 세상에 대해 품고 있던 의문을 매우 비슷하면서도 더 깊게 한 사람이었습니다. 그의 최고의 작품이라 불리는 『차라투스트라는 이렇게 말했다』는 어렵다고 소문이 났습니다. 동의합니다. 그래서 저도 이 책을 "다 안다"라고 절대 표현할 수 없습니다. 하지만 독서의 목적은 정복만이 아닙니다. 체험하는 것만으로도 충분할 때가 있습니다. 무척 애매모호하지만 이 책에 담긴 니체의 숨결을 느끼다 보면, 내가 가지고 있던 사상의 벽을 시원하게 파괴시킬 수 있습니다. 이 책을 읽고 싶어진 사람에게는 박수를 건네고 싶습니다. 인생의 새로운 장이 펼쳐지는 거니까요.

『금강경』

불교의 핵심 경전 중 하나라고 불리는 금강경입니다. 금강석은 다이아몬드죠. 따라서 금강경을 해석하자면, 다이아몬드같은 단단한 지혜로 자신의 번뇌와 집착을 끊어낸다는 뜻을 가지고 있습니다. 불교에는 정말 위대한 가르침이 많이 담겨 있습니다. 반야심경, 아함경, 화엄경, 법화경 등 다양한 경전들이 저에게 기적 같은 영감을 주었습니다. 그중에서 반야심경과 금강경이 가장 기본적이면서 핵심적인 가르침을 품고 있다 생각하여 추천합니다. 해석본만 보면 다소 어려울 수 있어, 가장 쉽게 접하는 목적으로 '법륜스님의 금강경 강의'를 추천합니다. 사람에 따라 호불호 차이가 있을 수 있지만, 금강경에 대한 지혜를 모든 사람이 쉽게 받아들일 수 있도록 법륜스님이 잘 정리해주었습니다. 저는 금강경의 가르침 중 '응무소주이생기심(應無所住而生其心 머무는 바 없이 마음을 내어라)'이라는 말에 가장 많은 덕을 받았습니다. 여러분도 본인만의 지혜를 찾기를 바랍니다.

『신약성경』

어른이 되고 나서, 신약성경은 특정 종교인이 아니어도 누구나 읽어야 하는 명저라고 느꼈습니다. 사실 불교 경전과 마찬가지로, 성경 또한 그 양이 너무도 방대하기 때문에 "나 성경 읽었어"라고 말하기에는 양심이 찔립니다. 그러나 앞서 말씀드린 바와 같이 독서란 각자만의 체험이기 때문에, 저는 신약 성경에 위대한 지혜를 풍요롭게 누렸습니다. '나라면 저렇게 할 수 있을까?'라는 생각을 계속하며 읽게 되었습니다. 마음을 열고 읽는다면 누구에게나 큰 지혜가 될 수 있는 멋진 책입니다. 개인적으로 차인표 씨가 윌라에서 녹음한 '드라마로 듣는 성경 : 신약성서'를 통해 오디오북으로 접해보는 것도 추천합니다. 성경에 대한 장벽이 있을 때, 이 오디오북이 그 벽을 쉽게 허물어줬습니다.

『사랑의 기술』　　　　　　　　　　　　　에리히 프롬

"사랑은 기술입니다"라고 말하면, 여러분은 어떤 생각이 드시나요? 흔히 픽업아티스트같이 이성을 꼬시는 것 같은 말로 들리지는 않으신가요? 저는 그랬습니다. '무슨 사랑이 기술이야. 사랑은 있는 그대로 느끼는 거지'라는 생각으로 이 책에 반감을 가졌었습니다. 그러나 책의 저자 에리히 프롬은 이렇게 말합니다. "사랑은 단순히 방치하는 감정이 아니라, 훈련과 노력으로 발전시키는 능력이다"라고요. 머리를 세게 한 대 맞은 기분이었습니다. 사랑은 행운이 아니라 기술이라는 개념을 처음 체득하게 된 계기였습니다. 사랑은 단지 한 사람에게만 향하는 독선적인 마음이 아닙니다. 온 세상을 향하는 태도가 사랑입니다. 그렇기에 사랑할 줄 아는 사람이, 세상을 잘 살아갈 수 있다고 생각합니다. 여러분의 사랑은 행운인가요, 기술인가요?

『우주의 구조』 브라이언 그린

1+1은 2죠. 밤이 지나고 나면 아침이 옵니다. 밥을 먹지 않으면 굶어 죽겠죠. 어떻습니까. 앞서 말한 말들을 들으면 '당연한 거 아냐?' 하는 생각이 드시지 않나요? 맞습니다, 매우 당연한 말들을 했습니다. 왜 냐하면 이것들이 세상의 구조이니까요. 불규칙한 것처럼 보이지만 분명 세상에는 구조가 있습니다. 우리도 그중 하나의 구조물입니다. 어릴 적부터 생각했습니다. '세상이라는 게임에서 잘 살기 위해서는, 이 게임의 구조를 알아야 한다. 나는 게임의 플레이어다.' 우리는 우주의 구조 속에서 살고 있습니다. 그리고 그 구조를 가장 정교하고 실용적으로 발견하여 정리한 사람들이 과학자입니다. 그래서 저는 과학자에게 항상 감사함을 느낍니다. 그들의 경이로운 발견 덕분에 세상의 신비로움을 느낄 수 있으니까요. 브라이언 그린의 우주의 구조를 읽는 데 정말 많은 시간이 걸렸습니다. 이해가지 않는 구간들이 너무 많아, 중고등학교 EBS의 인터넷 강의를 보기도 했습니다. 그런 수많은 노력이 더해져 이 책을 다 읽고 덮었을 때 날아갈 것 같은 기분이었습니다. 저의 인생 최고의 작품 중 하나였습니다. 사실 이 책 수준으로 추천하고 싶은 위대한 과학책들이 많습니다. 특히 떠오르는 건 코스모스와 이기적유전자입니다. 제 책의 분량 관계상 모두 담아내지 못하지만, 거론한 과학책들 모두가 저의 인생을 바꿔줬습니다. 과학은 우주의 구조를 알려줍니다.

『곰브리치 세계사』   에른스트 H. 곰브리치

꼭 공부해야 할 분야 중 하나가 '역사'라고 생각합니다. "역사는 반복된다"라는 말은 다시 봐도 명언입니다. 세상의 흐름을 보면 패턴이 보입니다. 인간은 비슷한 실수를 반복하고 그것을 메꿔왔습니다. 현대사회도 이전과 비슷한 양상을 보입니다. 한국사와 동아시아의 역사를 알아가는 것도 좋습니다만, 애석하게도 현재 우리는 서구사회 양식으로 살아가고 있습니다. 그래서 세계사를 추천합니다. '지피지기면 백전불태'라는 말처럼, 저들이 어떤 과정을 통해 올라왔는지를 봐야 잘 살아갈 수 있습니다. 세계사를 가장 편안하게 읽을 수 있는 책 중 하나가 '곰브리치 세계사'라고 생각합니다. 동양의 역사도 적당히 담겨 있고, 세계사의 전반적인 흐름을 읽기에도 아주 좋습니다.

『죽은 경제학자의 살아 있는 아이디어』   토드 부크홀츠

자본주의 사회에서 '경제'라는 말은 무척 중요한 단어입니다. 사람들이 뉴스를 볼 때 가장 많이 관심 갖는 분야입니다. 심지어 한 국가의 통치자의 지지율 또한 경제 정책에 따라 갈릴 정도로 현대인에게 중요한 키워드입니다. 그런데 이런 생각 안 해보셨나요? '도대체 자본주의는 무엇일까?' 그리고 '자본주의는 어떤 시스템으로 이루어진 걸까?' 저는 이 생각에 빠진 후 경제 모델에 대한 시스템에 관심을 갖게 되었습니다. 그리고 이 목마름을 가장 시원하게 해소해준 책이 『죽은 경제학자의 살아 있는 아이디어』였습니다. 평소 경제 분야에 관심이 있던 사람이 아니라면 다소 어려울 수 있습니다. 하지만 Chat GPT와 같은 검색 도구가 있는 요즘이라면, 누구나 마음먹고 읽을 수 있다고 생각합니다. 이 책을 읽으면 TV에 나오는 경제 전문가들의 말이 더 이상 알 수 없는 외계어로 들리지 않게 될 겁니다.

『부자 아빠 가난한 아빠』　　　　　　　　　　　로버트 기요사키

부자가 되는 길과, 가난으로 향하는 길. 우리는 어디로 걷고 있을까요? 많은 자본가들이 하는 말이 있습니다. "내가 돈을 위해 일하면 안 된다. 돈이 나를 위해 일하게 해야 한다." 흔히 이런 걸 보고 금융지식이라고 합니다. 로버트 기요사키의 『부자 아빠 가난한 아빠』는 경제적 자유를 꿈꾸는 사람이라면 대부분 읽어봤을 정도로 유명한 책입니다. 분명히 호불호가 갈립니다. 저자의 삶의 방식에 반감을 가지는 분도 있습니다. 저에게 이 책이 인상 깊게 다가왔던 건, '부자가 되기 위해서는, 부자들이 갖는 사고방식부터 가져야 한다'라는 획기적인 생각이었습니다. 빈부는 어디서 나올까 생각을 해보니, 사고방식과 습관에서 나온다는 걸 알게 되었습니다. 자본주의 사회를 살아가기 위해서 매우 유용한 책이라고 생각합니다.

『불안』 알랭 드 보통

독서를 사랑하게 만들었던 첫 번째 책입니다. 제 독서는 이 책을 통해서 시작되었다고 해도 과언이 아닙니다. 현명하고 똑똑한 사람 곁에만 있어도 알아서 성장한다는 걸 이 책을 읽으며 깨달았습니다. 알랭드 보통이 가진 사고방식으로 세상을 접하니 다른 삶이 펼쳐졌습니다. 그때부터 사람들에게 "되게 똑똑하시네요. 책을 많이 읽으세요?"라는 칭찬을 받았습니다. 게다가 알랭 드 보통은 깊은 문학적인 감성마저 가졌습니다. 그래서 그의 말을 듣다보면 이성과 감성 모두를 겸비하게 됩니다. 한 가지의 주제를 이토록 깊게 들어가서 표현할 수 있다는 것을 배워보십시오. 많은 일들이 수월해질 겁니다.

돈 버는 독서, 몸값 올리는 독서법

저는 이 독서법으로 연봉 3억이 되었습니다

내성적인 건물주 지음 | 값 16,500원

22만 구독자를 보유한 유튜버 '내성적인 건물주'가 책을 냈다. '서른 살 흙수저를 연봉 3억으로 만들어준 독서법'을 담은 책이다. 어떻게 책을 통해 일상에서 생각을 바꾸고, 바뀐 생각을 행동으로 옮김으로써 자기 몸값을 올리며 성공할 수 있는지에 대한 비법을 공개한다. 정말 책 읽기로 부를 일굴 수 있는지 궁금하다면, 저자가 실행한 대로 일주일만 따라해보자. 어제의 내가 아닌 새로운 나로 거듭날 수 있을 것이다.

내 인생을 변화시키는 작은 습관의 힘

더 나은 나는 매일의 작은 습관으로 만들어집니다

장근영 지음 | 값 17,000원

이 책은 나쁜 습관의 폐해와 좋은 습관의 효과를 전부 경험해본 심리학자가 삶을 변화시키는 습관의 힘과 실천 가능한 습관 전략을 알려주는 체험 보고서다. 아주 사소한 습관이라도 매일 실천한다면 분명 인생을 극적으로 바꿀 수 있다. 지금 당장 시작할 수 있는 멘탈 습관과 행동 습관을 알려주는 이 책의 습관 솔루션을 마음 깊이 새기고 실천해보자. 내 삶의 균형을 유지하는 작은 습관의 나비효과를 몸소 느낄 수 있을 것이다.

아무리 좋은 내용도 전달되지 않으면 소용없다

횡설수설하지 않고 똑 부러지게 핵심을 전달하는 법

임정민 지음 | 값 18,000원

아는 것을 제대로 말할 수 있는 사람, 횡설수설하지 않고 똑 부러지게, 말하고자 하는 핵심을 전달하는 사람이 되고 싶은가? 이 책은 그런 이들이 꼭 읽어야 할 책이다. 말하기는 누구나 배우면 잘할 수 있는 영역이다. 딱딱하고 어렵기만 한 이론서가 아니라 따라 하기를 반복함으로써 누구나 혼자서도 인생을 바꿀 수 있도록 구성된 이 책은 최고의 말하기 실용서다. '말하기'는 머리로 아는 것이 아니라 몸으로 익혀야 하는 영역이므로 책에 수록된 예시와 훈련법을 실천한다면 당신의 인생도 분명 달라질 것이다.

사람의 마음을 움직이는 38가지 설득 요령

쇼펜하우어의 내 생각이 맞다고 설득하는 기술

아르투어 쇼펜하우어 지음 | 값 13,500원

이 책은 대화하는 사람들의 내면에 잠재된 인간 본성을 들춰냄으로써 인간의 오류를 예리하게 지적한다. 나아가 논리학에서 다루는 쟁점 사항인 객관적인 진리에 도달하기 위해, 궁극적으로 상대로부터 몰아치는 공격에서 허위와 기만의 낌새를 포착하고 그것에 적절히 대처할 수 있어야 한다고 당부한다. 이 책은 그러한 위험 신호를 감지하는 민첩성과 예민함을 길러주는 훌륭한 지침서가 되어줄 것이다.

〈타임〉 선정 최고의 자기계발서

데일 카네기의 인간관계론

데일 카네기 지음 | 값 11,000원

워런 버핏, 존 F. 케네디, 버락 오바마 등 세계적 리더들에게 많은 영감과 도움을 준 이 책은 '시대를 초월한 인간관계 지침서'로 평가받는 위대한 책이다. 그 이유는 인간의 본성을 꿰뚫는 예리한 통찰로 인간관계를 유지하는 데 실질적인 해답을 주기 때문이다. 메이트북스는 생소하고 시대에 맞지 않는 내용을 편역하면서 가독성을 높였다. 이 편역서는 독자들에게 주옥같은 내용을 다시금 되새겨볼 수 있고, 카네기의 철학을 만끽할 수 있는 기회를 제공할 것이다.

주변에 사람이 모여드는 관계 맺기 습관

이쁘게 관계 맺는 당신이 좋다

임영주 지음 | 값 16,500원

이 책은 '모든 것이 관계'이고, 기본에 충실한 사람이 좋은 인간관계를 맺는다는 생각을 바탕으로, 기본과 인간관계를 강조한다. 저자는 관계 맺기의 시작부터 끝맺는 방법에 이르기까지 '이쁜 관계 맺기'를 위해 배워야 할 기술들을 실제 사례를 통해 알려준다. 관계심리 전문가인 저자의 노하우를 따라 이쁘게 관계 맺기 연습을 한다면 타인에게 쉽게 상처받지 않고 자존감을 유지하는 행복한 관계를 이어갈 수 있을 것이다.

주변에 사람이 모여드는 말 습관

이쁘게 말하는 당신이 좋다

임영주 지음 | 값 15,000원

말의 원래 모습을 잘 살려 따뜻한 삶을 살고 싶은, 이쁘게 잘 말하고 싶은 사람들을 위한 공감의 책이다. 특히 주변 사람들로부터 "말 좀 제발 이쁘게 하지요"라는 말을 한 번이라도 들어본 적이 있다면 이 책을 꼭 읽을 것을 권한다. 한 번뿐인 소중한 인생, 우리 모두 '성질'과 '성격'대로 마구 말하는 것이 아니라 '인격'으로 다듬어 말하는 사람, 즉 이쁘게 말하는 사람이 되어보자. 말은 우리의 모든 것이기 때문이다.

복잡한 세상이 술술 읽히는 세상의 모든 TOP 10

벌거벗은 교양

지식스쿨 지음 | 값 18,000원

구독자 29만 명에 조회수 1억 회를 기록한 화제의 유튜브 채널인 지식스쿨을 책으로 만난다. 지식스쿨은 역사·문화·사회·과학·정치·경제 등을 넘나드는 다양한 인문학적 지식을 TOP 10 형식으로 재미있게 풀어준다. 기존의 나열식 방식이 아닌 순위로 구분해 설명하기 때문에 호기심을 자극해 내용에 더 집중하게 된다. TOP 10 콘텐츠 중에서도 각별히 사람들의 큰 관심을 받았던 내용을 엄선해 묶었다.

자기를 온전히 믿고 살아가라

에머슨의 자기 신뢰

내성적인 건물주 지음 | 값 16,500원

이 책은 인간이 자기 신뢰를 기초로 행동함으로써 더 나은 성취를 이룰 수 있다는 깊은 통찰이 담긴 에세이다. 에머슨은 '자신을 믿는 사람은 세계에서 가장 강한 사람'이라고 말한다. 자기 신뢰를 실천하면 내 안에 잠들어 있던 놀라운 힘을 발견하게 된다는 것이다. 이 책을 읽는 독자는 자신을 믿고 자신의 능력에 자부심을 가짐으로써 더 큰 성공을 얻고 만족스러운 삶을 살아갈 수 있을 것이다.

스스로를 돕는 것은 언제나 강력한 힘이 된다

새뮤얼 스마일즈의 인생 수업

새뮤얼 스마일즈 지음 | 값 15,000원

누구나 인생에서 마주할 수 없는 역경을 잘 극복해서 성공하고 행복하기를 꿈꾼다. 새뮤얼 스마일즈의 『자조론(Self-Help)』에서 현대인들에게 꼭 필요한 '자조(自助)'의 원칙만을 선별해 담은 이 책은 그 해답을 알려준다. '스스로 돕는다'는 자조의 정신을 보인 대가들이 자기 수양을 하고 인격을 쌓아 역경을 성공적으로 극복한 실제 사례들을 모아 그 방법과 중요성을 설파한다. 자기 자신을 잘 돌보고 목표를 성취하기 위한 동기부여가 필요하다면 이 책이 도움이 될 것이다.

인간의 행복은 어디에서 오는가

아리스토텔레스의 인생 수업

아리스토텔레스 지음 | 값 15,000원

당신은 행복한가? 어떤 삶이 행복한 삶일까? 이 책은 행복은 무엇이며, 어디에서 비롯되는지를 정리한 아리스토텔레스의 『니코마코스 윤리학』을 재편역한 것으로, 현시대 독자들이 쉽게 접근할 수 있는 내용을 엄선해 담았다. 다소 난해하고 관념적인 내용과 현시대와 맞지 않은 내용들은 덜어내고 정리했다. 지금 삶의 목적과 방향을 모르겠다면, 진정으로 행복하게 살고 싶다면 읽어야 할 책이다.

살아갈 힘을 주는 니체 아포리즘

니체의 인생 수업

프리드리히 니체 지음 | 값 15,000원

살아가는 목적을 모르겠다면, 삶이 괴롭고 고통스럽다면 니체의 생생한 목소리를 담은 이 책을 읽자! 채우기보다는 비워내 나 자신을 찾아 삶의 위기를 의연하게 이겨내길 당부하는 니체 특유의 디톡스 철학, 생(生) 철학이 고된 우리의 현실을 이겨내고 다시 살아갈 힘을 준다. 이 책에는 우리가 알아야 할 인생의 모든 지혜가 담겨 있다. 겉만 번지르르한 관념적인 인생 조언이 아니라 냉엄한 현실을 살아가는 데 도움이 되는 생생하고 구체적인 실천 수칙들이 가득하다.

살아갈 힘을 주는 세네카 아포리즘

세네카의 인생 수업

루키우스 안나이우스 세네카 지음 | 값 14,500원

세네카가 남긴 12편의 에세이 중 대중들에게 가장 널리 알려진 6편의 에세이를 한 권으로 엮어 펴낸 책이다. 편역서의 특성상 현대의 독자들이 이해하기 힘들거나 시대적·역사적·문화적으로 거리가 먼 내용들은 삭제하고, 현대인들이 실질적으로 삶에 적용할 수 있는 핵심 내용만 추려 간결하고 압축된 형식으로 소개한다. 목차도 세네카의 에세이 6편을 편역하는 과정에서 새롭게 재구성했으며, 각 칼럼의 제목도 원서에는 전혀 없었으나 편역 과정에서 새롭게 추가해 독자들의 이해를 돕고자 했다.

살아갈 힘을 주는 쇼펜하우어 아포리즘

쇼펜하우어의 인생 수업

아르투어 쇼펜하우어 지음 | 값 14,900원

마음의 위기로 현재의 삶이 만족스럽지 않다면, 그래서 행복이란 감정을 느끼기가 어렵다면 이 책을 읽자. 이 책은 대철학자 쇼펜하우어의 행복과 인생의 본질, 인간관계의 본질, 그리고 학문과 독서와 독자적 사고의 본질 등에 대한 직설적인 조언을 담은 인생 지침서이다. 현명하고 솔직한 직언으로 세상일이 뜻대로 되지 않아 지친 현대인들이 자신의 모습을 되돌아보며 삶을 온전히 살아갈 힘을 얻을 수 있을 것이다.

재물운이 따르는 사람들의 생활습관

돈이 모이는 재물운의 비밀

천동희(머찌동) 지음 | 값 19,000원

이 책은 구독자 11만의 풍수 전문 유튜브 채널 '머찌동의 머전공간' 운영자이자 국내 최대 규모 부동산풍수컨설팅 회사인 '(주)머찌동컴퍼니'의 대표인 저자가 3천여 명의 다양한 계층의 고객과 내담자들을 컨설팅하면서 깨달은 재물이 따르는 사람들의 공통적인 운의 원리를 담고 있다. 이 책에서 말하는 운이 자연스레 나를 좋아하게 만드는 비법들을 실천하면 어떤 상황에서든 재물운이 넘치는 행복한 사람이 될 수 있을 것이다.

1분 이하 영상으로 돈 버는 숏폼러

유튜브보다 10배 쉬운 숏폼으로 억대 연봉 벌기

선가이드 지음 | 값 18,000원

이른바 숏폼의 시대가 도래했다. 이 책에서는 콘텐츠 제작자와 수용자의 경계가 허물어지고 있는 시대의 움직임을 예리하게 포착하고, 플랫폼의 주된 고객층인 MZ세대의 특성을 파악해 트렌드에 부합하는 매체로써 숏폼을 제안한다. 숏폼을 통해 인플루언서로서의 영향력이나 사업 마케팅을 통한 수익과 같은 사회적 가치를 극대화시킬 수 있는 방법에 대해 면밀히 다루고, 특별히 숏폼의 성장 비법도 아낌없이 공개한다.

■ 독자 여러분의 소중한 원고를 기다립니다

메이트북스는 독자 여러분의 소중한 원고를 기다리고 있습니다. 집필을 끝냈거나 집필중인 원고가 있으신 분은 khg0109@hanmail.net으로 원고의 간단한 기획의도와 개요, 연락처 등과 함께 보내주시면 최대한 빨리 검토한 후에 연락드리겠습니다. 머뭇거리지 마시고 언제라도 메이트북스의 문을 두드리시면 반갑게 맞이하겠습니다.

■ 메이트북스 SNS는 보물창고입니다

메이트북스 홈페이지 matebooks.co.kr

홈페이지에 회원가입을 하시면 신속한 도서정보 및
출간도서에는 없는 미공개 원고를 보실 수 있습니다.

메이트북스 유튜브 bit.ly/2qXrcUb

활발하게 업로드되는 저자의 인터뷰, 책 소개 동영상을 통해 책
에서는 접할 수 없었던 입체적인 정보들을 경험하실 수 있습니다.

메이트북스 블로그 blog.naver.com/1n1media

1분 전문가 칼럼, 화제의 책, 화제의 동영상 등 독자 여러분을 위
해 다양한 콘텐츠를 매일 올리고 있습니다.

메이트북스 네이버 포스트 post.naver.com/1n1media

도서 내용을 재구성해 만든 블로그형, 카드뉴스형 포스트를 통해
유익하고 통찰력 있는 정보들을 경험하실 수 있습니다.

STEP 1. 네이버 검색창 옆의 카메라 모양 아이콘을 누르세요.   STEP 2. 스마트렌즈를 통해 각 QR코드를 스캔하시면 됩니다.
STEP 3. 팝업창을 누르시면 메이트북스의 SNS가 나옵니다.